ZHIYE JIAOYU GANGKE

"LINGJULI" KECHENG KAIFA

职业教育岗课
"零距离"课程开发

龚艳丽　刘云飞　张静 等 ◎ 著

中南大学出版社
www.csupress.com.cn
·长沙·

本书主要编写人员

龚艳丽（湖南工业职业技术学院）

刘云飞（湖南工业职业技术学院）

张　静（湖南工业职业技术学院）

范　芳（湖南工业职业技术学院）

杨承阁（湖南工业职业技术学院）

邹洪富（湖南工业职业技术学院）

王志辉（湖南工业职业技术学院）

戴继明（湖南工业职业技术学院）

岳　静（湖南工业职业技术学院）

万爱军（广汽埃安新能源汽车股份有限公司）

郭建朋（国汽(北京)智能网联汽车研究院有限公司）

序言

当今世界正经历百年未有之大变局，新一轮科技革命与产业变革重构全球经济版图，技术迭代加速、职业边界模糊、岗位能力需求正在经历动态升级。职业教育作为类型教育的本质属性，决定了其必须扎根产业土壤。近年来，国家相继出台《关于深化产教融合的若干意见》等政策文件，明确提出"产业链与教育链精准对接"的要求。

湖南工业职业技术学院龚艳丽教授团队凭借多年深耕职业教育课程开发领域所积累的丰富实践经验，以"岗课'零距离'衔接、内容'谱序化'建构、教学'智模态'组织"为编写理念，精心编撰了《职业教育岗课"零距离"课程开发》一书。该书构建了一套职业教育课程开发的全新方法论体系，为职业教育课程改革与发展提供了极具价值的理论指导与实践参考。区别于传统"岗位需求分析—课程内容转化"的线性逻辑，提出岗课"零距离"的本质在于建立教育与产业的双向量子纠缠。这种纠缠态的实现，依赖于三大关键性突破：其一，以动态能力模型取代静态岗位标准，通过对接行业大数据平台，实时捕捉诸如智能制造、数字服务等领域的技能基因突变；其二，以工作过程"谱序化"重构知识架构，将岗位任务的非线性工作流转化为可迁移、可扩展的学习路径网络；其三，重塑"智模态"教学场景，使课堂成为真实生产环境的全息投影，让学习行为与工作行为在认知底层实现同构。这种突破不是对教育规律的颠覆，而是对职业教育本质的回归——当课程开发从"追赶产业"转向"预见需求"，职业教育才能真正成为支撑技能文明演进的基础工程。

岗课"零距离"的深层价值，在于重构了职业教育的时空坐标系。在空间维度上，它消解了学校与企业的物理边界，使车间里的技术参数直接转化为实训室里的教学模块，让行业专家的经验沉淀即时反哺课程体系；在时间维度上，它打破了课程更新的周期律，通过植入"教育物联网"系统，使教学资源能够像软件版本一样持续迭代。这种重构催生出独特的课程形态：教材不再是封闭的知识容器，而是链接产业知识图谱的交互界面；教师不再是单向的知识传递者，而是产教协同创新的架构师；学习者不再是被动的信息接收者，而是在真实工作流中自主构建能力的认知主体。当教育时空的壁垒被击穿，职业教育的课程体系便呈现出生命体般的自组织特征——它能感知产业生态的细微震颤，能代谢过时的知识单元，能在与环境的持续交互中实现进化。

这种教育范式的革新，本质上是对人力资本生产方式的革命。在传统模式下，职业教育如同精密的铸件车间，用标准化的课程模具批量生产"技能零件"；而在岗课"零距离"的框架下，教育系统进化为有机的能力孵化器，为每个学习者定制动态成长路径。当课程开发深度嵌入产业创新链，学习者获得的将不仅是就业竞争力，更是参与技术变革的主体性——他们既能精准操作今天的智能设备，也能共同编写明天的技术标准；既能胜任现有岗位的职责矩阵，也能开拓未来职业的疆域。站在人类文明数字化转型的临界点，职业教育的使命已超越单纯的技术培训。本书揭示的岗课"零距离"课程开发体系，既是对"教育如何服务产业"的实践回应，更是对"教育如何引领产业"的战略思考。

《职业教育岗课"零距离"课程开发》是职业院校产教深度融合的阶段性成果。我们热切期盼更多职教同仁投身于产教融合的创新实践，共同开发出更多丰硕的产教融合成果。让职业教育不再成为产业发展的孤岛，而是能够有效打破理论与实践、教育与产业、当下与未来之间的认知壁垒。我们期望每一次技术文明的脉动都能迅速转化为教育创新的动能，为职业教育注入源源不断的活力与动力。当课程开发真正实现与产业需求的量子纠缠，职业教育必将书写出属于这个时代的"教育相对论"——在那里，知识的半衰期被重新定义，技能的边界被持续拓展，而每个学习者，都将在与产业文明的深度互动中，找到自我实现的永恒坐标。

2025 年 3 月

前 言

FOREWORD

以习近平新时代中国特色社会主义思想为引领，深入贯彻《教育强国建设规划纲要（2024—2035年）》的战略部署，职业教育正以服务国家战略需求为根本，以产教深度融合为引擎，全面重构教育生态。这一变革以"教育链、人才链与产业链、创新链协同发展"为核心逻辑，通过构建政府主导、行业指导、企业主体、院校支撑的多元办学格局，推动职业教育从"适应产业"向"引领产业"跃升。然而，传统职业教育课程与岗位需求脱节、产教协同机制不完善、教学资源更新滞后等问题，仍是制约人才培养质量的关键瓶颈。如何实现岗课"零距离"——即课程内容与岗位能力的无缝对接、教学过程与生产实践的深度融合，已成为职业教育改革亟待突破的命题。本书立足这一时代需求，以"课程开发"为核心抓手，打造高水平课程团队，系统探索职业教育课程赋能高技能人才培养的创新路径，旨在为职业教育工作者、研究者等提供理论与实践的双重参考。

本书的诞生源于作者团队多年深耕职业教育课程开发的研究与实践，协同国家智能网联汽车行业产教融合共同体，吉利汽车、广汽埃安等汽车企业，湖南省教育科学研究院及多所"双高计划"院校，通过数百项课程改革案例的梳理，逐步构建起高水平课程建设团队、岗课"零距离"的课程开发框架、"谱序化"的课程建构路径、"智模态"的课程组织形式。本书既是对这一探索的系统总结，亦是对职业教育高质量发展的未来展望。

本书以"岗课'零距离'衔接、内容'谱序化'建构、教学'智模态'组织"为核心理念，创新提出职业教育"数智化"课程建设的基本路径。课程建设之前，打好基础：厘清职教课程与人才培养的关系，搭建高水平的课程建设团队。课程建设一是搭建高位监测平台，校企协同开展岗位能力实时监测，遵循岗位能力变化，动态开发和调整课程标准的岗课"零距离"衔接机制。二是以岗位职业能力系统部署为支点，重构课程思政+知识+能力"谱序化"课程结构网络，打通课岗内容资源匹配效能，重塑兼容整序、控容增益的课程建构方法。三是以数字技术、生成式人工智能技术为基础，建立云端、校端、产业端协同的智慧化学习环境，根据学情开展弹性教学和波动评价。实现教学与生产的双向赋能，聚焦课程规划、内容重构、思政融合、数字化资源开发等关键环节，提供可复制的实施路径。

全书共分为三篇12章，逻辑层层递进：第一篇"职教课程赋能技能人才培养之路"从理论层面论证了课程在技能人才培养中的基石作用，重点解决课程如何对接岗位需求、实训如何驱动能力提升等核心问题。第二篇"产教融合的课程团队建设"聚焦产教融合背景下的课程团队建设，提出了结构优化—能力提升—协同创新的策略闭环，并详解了校企研共建团队的实施步骤。第三篇"岗课'零距离'的专业课程建设"以实践为导向，系统阐述了专业课程开发的全流程，包括课程目标定位、内容重构、思政融入、教学模式创新及数字化资源开发，并辅以汽车制造、智能制造等领域的典型案例。

本书由湖南大学机械工程专业博士，中南大学材料科学与工程专业博士后，湖南大学材料科学与工程学院专业学位硕士研究生行业产业导师，湖南黄炎培职业教育奖杰出教师奖获得者，国家课程思政教学名师，湖南省"芙蓉学者"，国家级课程思政示范课主持人，国家精品在线课程主持人，全国职业院校技能竞赛教师教学能力比赛一等奖获得者，湖南工业职业技术学院龚艳丽教授担任主编，龚艳丽教授凭借多年深耕课程开发领域所积累的丰富实践经验，负责全书框架设计、核心理论构建及终稿审定。本书第一篇由湖南工业职业技术学院张静副教授牵头，联合吉利汽车、广汽埃安等领军企业共同攻关，聚焦"课程－岗位"动态匹配机制，创新提出"三维能力映射模型"，破解产教供需结构性错配难题。第二篇由湖南工业职业技术学院范芳主持，基于对35个校企合作案例的质性分析，构建"双师型团队能力成熟度评价体系"，为校企协同育人提供量化工具。第三篇由湖南工业职业技术学院刘云飞统筹，整合12所"双高校"课程改革实证数据，并邀请国家智能网联汽车创新中心参与《智能制造岗位技能标准》的研制，确保课程内容与行业前沿"零时差"同步。

此外，本书要特别感谢湖南省教育科学研究院王江清教授给予的职业教育相关政策指导，为研究提供了坚实的政策与资源保障。另外，国家智能网联汽车行业产教融合共同体内多家企业也对本书的企业人才需求案例采集的相关内容做出了卓有成效的贡献，为课程对接产业需求奠定了实证基础，本书的相关内容和分析也借鉴了国内外相关学者的研究成果，在此一并表示感谢。

职业教育改革道阻且长，但行则将至。期待本书能为破解"人才供给侧"与"产业需求侧"的结构性矛盾提供新思路，助力更多青年凭借一技之长实现人生价值，为中国智造注入澎湃动能。

本书的出版得到了以下项目的资助：教育部职业教育发展中心2024年职业教育教研教改课题"面向先进制造业的职业教育在线智慧化课程演变路径与未来样态研究"（课题编号：JZJG25067）；湖南省职业教育与成人教育学会2018年职业教育专项委托课题"职业教育先进制造类专业课程建设与改革研究"职业教育岗课"零距离"课程开发（XHW20180016）；2024年湖南省社会科学成果评审委员会课题"高端装备'智'造转型下双高专业群教学场域的数字化提质改造研究"（XSP24YBZ194）；2022年湖南省教育科学"十四五"规划课题，湖南省职业院校专业技能培养水平"查赛证"协同评价机制研究（XJK22QZY0025）；2024年度湖南省职业院校教育教学改革研究项目"新质生产力跃迁下课岗耦合+数智融合的装备制造类课程改革研究"（ZJGB2024154）；2023年湖南省职业院校教育教学改革研究项目"基于STEAM教育理念下装备制造类专业数字化设计课程教学模式创新的研究"（ZJGB2023619）；2024年度机械行业职业教育"产科教协同创新"课题，校企共建现代产业学院路径研究——以湖南工业职业技术学院为例（JXHYZX2024021）；湖南工业职业技术学院校级课题，先进制造业新质"金课"建设研究与实践（GYKYCG202404）。在此表示衷心的感谢！

由于水平有限，书中疏漏和不足之处在所难免，敬请各位专家学者批评指正。

作者

2025 年 3 月

目 录

CONTENTS

第二篇　产教融合的课程团队建设

第三篇　岗课"零距离"的专业课程建设

第一篇

职教课程赋能技能人才培养之路

第一章

课程是技能人才培养的基石①

第一节 职业教育课程与人才培养的理论基础

一、职业教育相关理论概述

职业教育是指使受教育者获得某种职业或生产劳动所需要的职业知识、技能和职业道德的教育。它与普通教育是两种不同教育类型，具有同等重要地位。职业教育包括职业学校教育和职业培训，其中职业学校教育分为初等、中等和高等职业学校教育，涵盖了从基础技能培养到高级专业技术人才塑造的不同层次。

（一）职业教育的特点

专业性是职业教育显著特征之一，它专注于培养某一职业领域的专业人才，与普通基础教育的基础性以及普通高等教育侧重培养学术性、理论性人才不同，职业教育更强调与一线职业的对口性，着重培养学生的理论应用能力、实践技能和实际工作能力。以汽车维修专业为例，学生不仅要学习汽车构造、原理等理论知识，更要通过大量实践操作，掌握汽车故障诊断与维修的实际技能，毕业后能够直接进入汽车维修行业工作。

区域性也是职业教育的重要特点。职业教育紧密围绕区域经济社会发展需求开展，一方面为特定区域服务，根据本地区的产业结构、经济发展状况和岗位需求，调整专业设置和教学内容，另一方面依靠区域资源办学，充分利用当地的企

① 本章获得教育部职业教育发展中心 2024 年职业教育教研教改课题"面向先进制造业的职业教育在线智慧化课程演变路径与未来样态研究"（课题编号：JZJG25067）资助

业、行业和社区资源，加强与企业的合作，建立实习基地，聘请企业技术人员参与教学，使教育与实际工作紧密结合。例如，在制造业发达的地区，高职院校会重点开设机械制造、数控技术等专业，并与当地制造企业合作，为企业培养亟需的技术人才。

实用性同样是职业教育的突出特点。职业教育注重实践训练，以培养应用型人才为目标，通过建立实训基地、加大实训力度等方式，让学生在实践中学习和成长，掌握实际工作所需的技能和知识。美国社区学院学生的实习、实验和实践时间一般占总学习时长的 1/3，德国职业教育"双元制"教学体系中实践课和理论知识课比例为 1:1 甚至更高，这些都充分体现了职业教育对实践教学的重视。

(二)我国职业教育的发展历程

职业教育的发展历程源远流长。在我国，职业教育最早可追溯到 19 世纪 60 年代的"实业教育"，当时主要是为了培养适应近代工业发展的技术人才。1917 年，黄炎培先生成立中华职业教育社，推动职业教育与社会经济发展紧密相连。中华人民共和国成立后，职业教育经历了多个发展阶段。20 世纪 50 年代，学习苏联模式，重点发展中等职业教育，创办了一批中等专业技术学校，为加快国家工业化进程培养了大量技术干部和管理干部。1958 年出现的"半工半读"学校，进一步扩大了职业教育的覆盖面。改革开放后，为满足经济建设的需求，职业教育迎来了快速发展，中等职业教育不断改革创新，高等职业教育也逐渐兴起。1996 年《中华人民共和国职业教育法》的颁布，为职业教育的发展提供了法律保障。近年来，国家对职业教育的重视程度不断提高，出台了一系列政策文件，推动职业教育向高质量、现代化方向发展，如 2019 年国务院印发的《国家职业教育改革实施方案》，明确了职业教育与普通教育的地位同等重要，为职业教育的发展注入了新的活力。

在教育体系中，职业教育占据着不可或缺的地位。它是连接教育与产业的桥梁，为社会培养了大量具有专业技能的劳动者，满足了不同行业对人才的需求，推动了经济的发展和产业的升级。职业教育也是实现教育公平的重要途径，为那些不适合传统学术型教育的学生提供了另一条发展道路，使他们能够通过职业教育掌握一技之长，实现自身价值，获得良好的职业发展和社会地位。

二、专业课程在人才培养中的作用机制

专业课程作为职业教育的核心组成部分，在人才培养中发挥着多方面的关键作用。

(一)专业课程是传授知识与技能的重要载体

在职业教育中，不同的专业课程涵盖了各自领域的专业知识和技能。以计算

机网络技术专业为例，网络基础课程会讲解计算机网络的基本概念、拓扑结构、网络协议等基础知识，让学生了解网络的构成和运行原理；网络工程课程则会教授网络规划、设计、布线等实际操作技能，使学生能够根据实际需求搭建和维护网络。通过这些专业课程的学习，学生逐步掌握了从事计算机网络相关职业所需的知识和技能体系，为今后的职业发展打下了坚实的基础。

(二) 专业课程能够培养学生的职业素养

职业素养不仅包括专业技能，还包括职业道德、职业态度、团队合作精神、沟通能力等方面。在专业课程的教学过程中，教师可以通过案例分析、项目实践等方式，引导学生树立正确的职业道德观念。在工程项目课程中，学生需要组成团队共同完成项目任务，这就要求他们学会与团队成员沟通协作，培养团队合作精神和责任感，提高解决问题的能力和抗压能力，从而全面提升职业素养。

(三) 专业课程对学生的职业发展具有明确的导向作用

职业教育的专业课程设置紧密围绕市场需求和职业岗位要求，学生在学习专业课程的过程中，能够了解自己所学专业对应的职业领域、职业发展路径和就业前景。例如，护理专业的学生通过学习护理学基础、内科护理学、外科护理学等专业课程，明确自己未来可以从事临床护理、社区护理、护理管理等职业方向，进而有针对性地进行学习和实践，提高自己在就业市场上的竞争力，为顺利进入职业领域做好充分准备。

三、人才培养目标对专业课程设置的导向

人才培养目标是职业教育的核心指引，它决定了专业课程的内容、结构和教学方法，对专业课程设置起着至关重要的导向作用。

(一) 人才培养目标决定了专业课程的内容

不同的职业领域和岗位对人才的知识和技能要求各不相同，因此高职院校需要根据人才培养目标，精心选择和组织专业课程内容。以培养智能制造领域的技术人才为例，人才培养目标可能是使学生具备智能制造系统的设计、调试、维护和管理等能力。为了实现这一目标，专业课程内容就需要涵盖机械设计、电气控制、工业机器人技术、自动化生产线调试等方面的知识和技能，使学生能够全面了解和掌握智能制造领域的核心内容，满足企业对相关人才的需求。

(二) 人才培养目标影响着专业课程的结构

课程结构是指课程之间的相互关系和组织方式，合理的课程结构有助于学生构建完整的知识体系和技能框架。如果人才培养目标是培养具有综合职业能力的高素质技术技能人才，那么专业课程结构就需要注重基础课程与专业课程、理论

课程与实践课程的有机结合。在课程设置上，通常会先开设公共基础课程和专业基础课程，为学生打下坚实的文化基础和专业基础；然后逐步开设专业核心课程和实践课程，加强学生对专业知识的深入学习和实践应用能力的培养；还会设置一些拓展课程和选修课程，拓宽学生的知识面和视野，培养学生的创新能力和综合素养。

（三）人才培养目标指导着专业课程的教学方法

为了实现人才培养目标，教师需要根据课程内容和学生特点选择合适的教学方法。如果人才培养目标强调培养学生的实践能力和创新能力，那么在教学过程中就应采用项目教学法、案例教学法、情境教学法等以学生为中心的教学方法。在项目教学法中，教师将课程内容分解为若干个项目，学生在完成项目的过程中，综合运用所学知识和技能，自主探究、解决问题，不仅提高了实践能力，还培养了创新思维和团队合作精神。

第二节　课程在职业教育人才培养中的核心地位

一、课程体系构建：人才培养目标的具象化表达

职业教育课程体系的设计逻辑遵循"产业需求–职业标准–课程体系"的转化路径，通过结构化课程模块实现人才培养目标的具象化表达。在"中国制造2025"战略背景下，高职院校课程体系呈现明显的产业适应性特征。以某校数控技术专业群为例，其课程体系构建按课程标准与岗位标准融合、实践项目与技能证书融合、资源共享和能力递进原则，构建"2平台+4模块"能力递进课程体系，如图1-1所示。2平台为人文素质平台和基础能力平台，是群内共享课程和必修课程。4模块为专业核心能力模块、素质拓展模块、专业拓展模块、特色拓展模块，学生可结合职业方向和兴趣自主选择课程，支持学生技术技能交叉、复合发展，培养高端复合型、创新型技术技能人才。

行业企业参与课程开发已成为现代职业教育的重要特征。通过成立专业建设指导委员会，企业技术骨干深度参与课程标准制定，将岗位典型工作任务转化为学习领域课程。如汽车检测与维修专业引入"基于工作过程系统化"课程开发模式，将汽车4S店真实维修工单转化为教学项目，使课程内容与职业标准保持动态一致。这种校企协同开发机制确保了课程体系始终指向职业能力的有效建构。

模块化课程体系的动态调整机制保障了人才培养的时效性。根据麦可思研究院的跟踪调查，领先高职院校已建立"三年一大调、每年微调整"的课程更新机

	数控技术专业	机械制造与自动化专业	模具设计与制造专业	焊接技术及自动化专业	工程机械运用技术专业
	顶岗实习				
特色拓展模块	创新实践课程 工业创意设计 互联网+模式创新实践 智能化产品创新设计	企业特色课程 工业视觉系统及其维修 新能源电池技术 生产及检验设备的安装调试		1+X技能等级考证 智能化产线远程诊断与维护 工业机器人装调 工程机械运用维护	国际交流课程 国际机械设备标准 跨文化交际概论 法律与道德
专业拓展模块	特种加工技术　高速加工技术　自动化生产线　虚拟设计制造　机床夹具设计　快速成型技术　光学影像原理 柔性制造技术　机电设备维修技术　现代控制工程　机械手安装与调试　数控机床结构与装配　计算机辅助工艺设计 机械产品出口营销				
素质拓展模块	初创企业知识产权保护　创业英语　演讲与口才　工业创意设计　语音技术入门　AI+系列讲座　IOS认证体系　工艺造型 劳动之美　管理沟通艺术　文献检索　电子商务概论　经济管理学　企业文化与体验　职场礼仪　人机工程学　技术美学				
	跟岗实习				
专业核心能力模块	柔性加工技术 智能生产线运行与维护 MES系统运用 智能制造单元 数控机床故障诊断与维修	可靠性设计 智能检测技术 远程运维技术 机床电气控制 机械装配制造技术	精密模具制造技术 模具数字化设计 模具智能制造 模具装配调试 3D打印技术	智能焊接产线技术 焊接机器人技术 无损检测技术 焊接自动化 焊接工艺与设备	工程机械测试 工程机械远程诊断技术 工程机械CAD应用 工程机械应用技术 再制造技术
	认知实习				
基础能力平台	机械制图　电工电子技术　机械设计与制作　机械产品检测与质量控制　钳工实训　机加工实训 机械工程材料及热处理　计算机辅助绘图　机械制造基础　机械制造专业英语　绿色制造　人工智能				
人文素质平台	形势与政策　思想道德修养与法律基础　毛泽东思想和中国特色社会主义理论体系概论　社会主义调研实践 入学安全教育　军事训练与国防教育　职业素质体验　公益劳动　大学生职业发展与就业指导　卫生与健康教育 英语　应用数学　计算机与互联网应用　体育　创业基础　工业机器人　智能制造概论　质量管理　艺术与审美				

图 1-1　"2平台+4模块"能力递进课程体系

制。例如，某信息技术学院针对人工智能技术迭代，及时将机器学习、自然语言处理等新兴技术模块嵌入课程体系，使毕业生技能结构与产业技术发展保持同步。这种动态适应性正是职业教育课程体系的核心竞争力所在。

二、课程实施过程：职业能力生成的核心场域

理实一体化教学模式重构了职业教育的教学时空。在"教室即车间、教师即师傅、作业即产品"的教学理念指导下，高职院校普遍采用"基础理论讲授-虚拟仿真训练-真实场景操作"的三阶递进模式。

湖南某职业学院智能焊接技术专业依托国家虚拟仿真资源平台建设，引入数字孪生和AR增强现实技术，结合精品在线课程配套微课视频、虚拟仿真等多种优质教学资源，还原逼真的液态熔池成型、焊缝成型及弧光飞溅等焊接物理虚拟场景，有效调动了学生学习积极性，降低试错成本，解决学生对焊接工艺理解不透和学习自主性不强的问题。引入生产任务工单，增强生产管理和质量意识，培养学生工程思维。

某装备制造类院校的数控加工课程中，学生先在智慧教室学习编程理论，再通过VR设备进行虚拟加工演练，最终在产教融合实训基地完成真实零件加工，这种立体化教学模式使技能习得效率提升40%以上。

项目化课程实施有效弥合了理论与实践鸿沟。基于 CDIO 工程教育模式的课程改革，将典型产品开发全过程分解为若干教学项目。某应用电子技术专业以"智能家居控制系统开发"为贯穿项目，将电路设计、程序设计、系统调试等技能训练融入具体产品开发过程。这种"做中学"的教学方式不仅培养了专业技术能力，更塑造了工程思维和团队协作意识。

数字化教学资源的深度应用改变了传统学习样态。职业教育专业教学资源库建设已覆盖 80% 以上专业大类，虚拟仿真实训基地的推广使高危、高成本实训成为可能。某轨道交通学院的列车驾驶课程通过"半实物仿真系统+数字孪生技术"构建虚实融合实训环境，学生可安全完成极端天气下的驾驶训练，这种技术赋能的教学创新显著提升了人才培养质量。

三、课程评价机制：人才质量保障的关键闭环

能力导向的课程评价体系突破了传统考核框架。依据《职业教育专业教学标准》，高职院校普遍建立"知识考核+技能鉴定+素质评价"三维评价模型。某护理专业建立 OSCE（客观结构化临床考核）评价体系，设置问诊评估、急救处置等标准化考核站点，由临床专家和专任教师共同评定学生临床思维能力，这种评价方式与护士执业资格考试形成有效衔接。

多元主体参与的评价机制增强了评价的客观性。通过引入企业导师评价、第三方认证、1+X 证书考核等多元评价方式，构建起"学校-企业-行业-社会"四维评价网络。湖南省某校依托"湖南省高职院校专业技能抽查考核标准评价""湖南省高职院校人才培养方案抽查""湖南省高职院校技能竞赛""'1+X'证书制度试点"等教育教学改革领域的重点项目，通过系统化的统筹设计，建立起了"查、赛、证"协同的校级汽检专业技能培养水平评价体系，如图 1-2 所示。

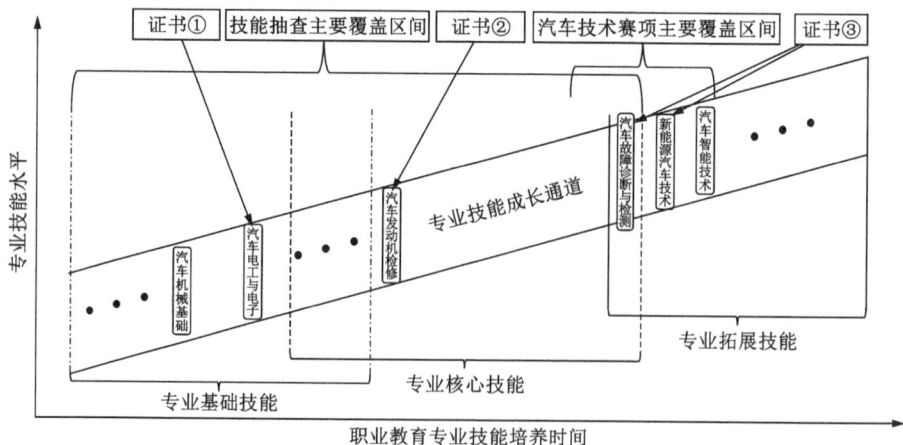

图 1-2　汽车检测与维修技术专业"查、赛、证"内容关系

评价数据的深度挖掘驱动着教学持续改进。基于大数据技术的课程诊断系统可实时采集课堂教学、实训操作、企业反馈等数据,通过智能分析生成教学改进建议。某高职院校的课程质量监测平台显示,数控编程课程的工件合格率与企业要求存在8%的差距,教学团队据此调整刀具路径优化模块的课时比例,使合格率提升至行业标准水平。

在职业教育高质量发展背景下,课程建设已成为深化产教融合、提升培养质量的核心抓手。通过构建产业适配的课程体系、实施能力导向的教学过程、建立科学有效的评价机制,职业教育课程正从知识传授载体向能力培养平台转型升级。未来职业教育课程改革应更加聚焦"岗课赛证"综合育人模式创新,强化课程内容的前沿性和教学方法的适切性,使课程真正成为技术技能人才成长的动力引擎。这需要政府、行业、企业、学校、研究机构形成协同创新机制,共同打造具有中国特色的职业教育课程范式。

第三节　课程与岗位需求的对接机制　>>>

职业教育课程与岗位需求的精准对接是技术技能人才培养质量的生命线。在产业转型升级加速的背景下,构建"需求传导–内容转化–质量验证"的三维协同对接机制,成为破解人才培养供给侧与产业需求侧结构性矛盾的关键。以下从需求传导机制、内容转化机制、质量验证机制三个维度,系统解析职业教育课程与岗位需求的深度对接路径。

一、需求传导机制:建立从产业需求到课程设计的动态通道

职业教育课程对接岗位需求的首要前提是建立灵敏的需求传导系统。行业企业调研显示,先进制造领域每年技术更新率达23%,要求课程内容必须建立动态调整机制。深圳某学校建立的"四级联动"需求采集体系具有典型意义:通过专业建设指导委员会(年维度)、产业教授工作站(季维度)、企业导师驻校制(月维度)、毕业生跟踪系统(周维度),形成多频次、多维度的需求采集网络,确保课程调整与产业变革保持同步。

职业能力分析会(developing a curriculum, DACUM)是一种系统化分析某一职业所需技能和知识的方法,由加拿大职业教育专家于20世纪60年代提出。其核心目的是通过专家研讨明确特定岗位的职责、任务、技能和能力要求,为课程开发、培训设计、职业标准制定等提供依据。职业能力分析会(DACUM)的深度应用重构了需求转化方法论。某汽车制造专业通过召开由企业技术骨干、课程专家、一线教师参与的DACUM研讨会,根据汽车制造专业面向岗位群,从岗位类

型、岗位层级、岗位难度等维度开展岗位层级分析，将课程体系划分为公共基础模块、基础能力模块、核心能力模块、拓展能力模块，如图1-3所示。其中，基础能力模块设置机械制图、机械基础、电工电子技术、汽车材料等课程；核心能力模块设置汽车构造与拆装、汽车零部件加工工艺、汽车电气系统、汽车发动机装配与检测、汽车装配与性能检测等课程；拓展能力模块设置现代汽车企业生产现场管理、汽车制造质量分析与控制、汽车试验技术、质量管理统计技术等课程。

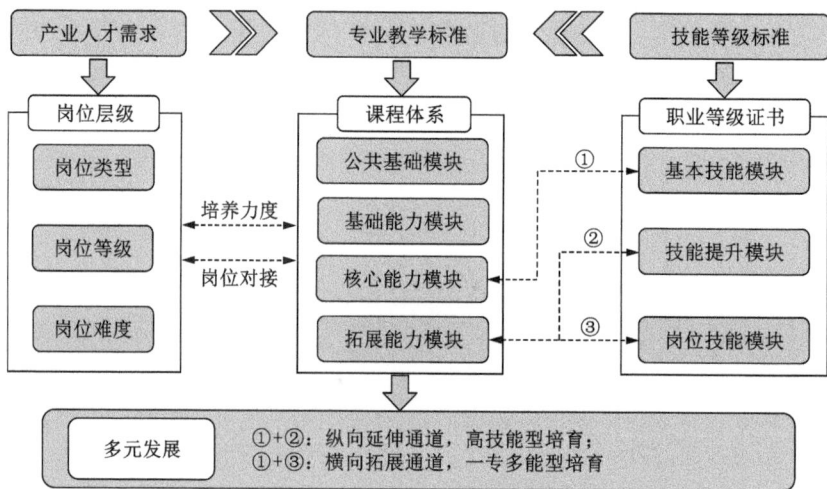

图1-3 课程体系框架梳理

现代学徒制为需求传导提供了制度化保障。浙江某高职院校与智能安防龙头企业共建"双主体"学院，实施"课程共建、师资共培、基地共享"的三共机制。企业不仅参与制定《智能楼宇系统集成》课程标准，更将真实工程案例实时转化为教学项目，使课程内容更新周期从传统的3年缩短至6个月，有效破解了课程设置滞后于技术发展的难题。

二、内容转化机制：构建职业标准到课程载体的转化模型

工作过程系统化课程开发模式实现了岗位要素的教学转化。德国学习领域课程模式的本土化实践中，某汽车检测与维修专业将4S店维修流程解构为故障诊断、部件拆装、系统测试等7个典型工作环节，转化为"情境导入-任务驱动-能力递进"的教学模块。这种基于真实工作过程的课程重构，使学生的技能习得路径与岗位能力形成过程高度一致。

模块化课程体系的灵活性增强了岗位适应性。东莞某职业学院针对跨境电商岗位群，构建"基础模块+方向模块+拓展模块"的课程体系。基础模块涵盖国际

贸易实务等通识能力，方向模块细分为运营推广、跨境物流等岗位集群课程，拓展模块融入 RCEP 规则解读等前沿内容。这种"积木式"课程结构既能快速响应岗位变化，又支持学生的个性化发展。

虚拟仿真技术的应用突破了传统教学局限。某化工专业开发的"高危反应虚拟实训系统"，将企业禁止新手操作的加氢反应等工艺转化为虚拟实训项目。通过构建与真实集散控制系统(DCS)完全一致的虚拟界面，学生可安全完成正常工况与事故处理的全流程训练，使课程内容既符合岗位安全规范，又覆盖关键技术要点。

三、质量验证机制：形成从人才培养到岗位胜任的检验闭环

1+X 证书制度创新了课程质量评价标准。如某工业机器人技术专业将"工业机器人应用编程"证书标准分解为 12 个能力指标，对应调整"机器人系统集成"等课程的考核标准。第三方评价机构数据显示，实施证书衔接改革后，毕业生岗位适应期从平均 4.2 个月缩短至 1.8 个月，证书标准对课程质量的提升效应显著。

产教融合型实训基地构建了真实性评价环境。重庆某高职院校与智能制造企业共建"教学工厂"，学生完成的数控加工作品直接进入企业质量检测体系。通过引入企业 SPC(统计过程控制)标准，将课程考核指标细化为尺寸公差、表面粗糙度等 7 个维度，使课程评价标准与岗位质量标准完全对接。

毕业生质量跟踪系统实现持续改进闭环。麦可思研究院数据表明，建立毕业生三年跟踪反馈机制的院校，其课程调整响应速度提升了 60%。某校护理专业根据临床反馈，发现传统课程中老年护理技能模块占比不足，遂将"老年慢病管理"课程学时增加 50%，并引入适老化沟通技巧训练，使毕业生在养老机构的满意度评分提升 22 个百分点。

课程与岗位需求的对接机制建设是一项系统工程，需要需求传导的灵敏度、内容转化的精准度、质量验证的有效度形成协同效应。当前，随着"职教 20 条"的深入实施，"岗课赛证"综合育人模式正在重构课程生态。未来应进一步强化企业主体地位，完善课程动态调整的法制保障，发展基于人工智能的需求预测系统，使课程与岗位需求对接从"被动响应"转向"主动适应"，为现代产业体系培养更多"用得上、留得住、发展好"的技术技能人才。这需要政府、行业、院校形成制度合力，共同打造具有中国特色的职业教育课程供给体系。

第四节　课程对人才综合素质培养的促进作用

在全球化与科技革命交织的时代背景下，人才竞争已从单一技能比拼转向综

合素质较量。职业教育作为类型教育，其课程体系承担着将技术技能培养与综合素质提升有机统一的重要使命。通过系统性课程设计，职业教育能够实现知识传授、能力培养、价值塑造的三维统一，为现代产业体系输送具有可持续发展能力的高素质技术技能人才。以下从知识结构优化、实践能力锻造、创新思维激发、职业素养培育、终身学习能力建构五个维度，深入解析课程对人才综合素质的促进作用。

一、知识结构整合：构建多维连通的认知体系

现代职业教育的课程体系突破传统学科壁垒，通过模块化设计实现知识结构的系统整合。某智能制造专业集群采用"基础共享+核心分立+拓展互选"的课程架构，将机械原理、控制工程、工业互联网等课程进行有机重组。学生在学习"智能产线集成"课程时，需要同时调用机械传动、PLC编程、数据采集等多领域知识，这种跨学科知识整合有效培养了复合型认知能力。麦可思研究院数据显示，接受模块化课程培养的毕业生，其知识迁移能力较传统课程培养者提升32%。

问题导向式课程设计重构了知识获取路径。某高职院校"新能源汽车故障诊断"课程采用"故障现象−机理分析−解决方案"的教学逻辑，学生在破解真实案例的过程中，自主构建起电力电子、热管理、控制策略等知识网络。这种基于工作过程的认知建构，使知识获取从被动接受转向主动探索，学生知识留存率从传统讲授模式的20%提升至70%。

数字化课程资源的立体渗透改变了知识呈现方式。某建筑类专业开发的BIM技术课程包，整合三维模型库、施工模拟系统、协同设计平台等数字化资源。学生在虚拟建造过程中，直观地理解建筑结构力学原理与施工组织逻辑，空间思维与工程认知能力得到双重提升。这种沉浸式学习使抽象理论具象化，复杂系统可视化，显著提高了知识内化效率。

二、实践能力锻造：搭建知行合一的成长阶梯

理实一体化课程模式重构了能力培养路径。某船舶工程技术专业实施"教室−虚拟车间−真实船坞"三阶递进课程，学生先在智慧教室学习船体结构理论，再通过MR混合现实设备进行分段装配模拟，最终在校企共建的智能化船坞完成实船建造。这种"理论认知−虚拟验证−真实操作"的培养路径，使实践能力形成螺旋式上升，岗位适应周期缩短60%。

项目化课程实施创造了真实能力生长环境。某物联网应用技术专业以"智慧农业系统开发"为贯穿项目，将传感器技术、无线通信、云计算等课程知识点融入具体产品开发。学生团队需经历需求分析、方案设计、系统调试等完整流程，在

解决实际技术难题中培养工程实践能力。项目验收数据显示，经过三轮项目迭代，学生系统调试效率提升 45%，故障定位准确率提高 38%。

产教融合型课程构建了能力验证的真实场域。浙江某高职院校与模具龙头企业共建"教学工厂"，将"精密模具制造"课程考核标准与企业生产标准完全对接。学生加工的模具零件直接进入企业质量检测体系，将尺寸公差、表面粗糙度等 7 项指标纳入课程评价。这种真实生产情境的淬炼，使毕业生首次岗位合格率从 72% 提升至 91%。

三、创新思维激发：培育解决问题的破局能力

设计思维课程的导入重构了创新培养模式。某工业设计专业开设"创意产品开发"课程，采用"同理心洞察-原型设计-用户测试"的创新流程。学生在社区调研中发现老年人用药难题，最终设计出具有语音提醒、自动分药功能的智能药盒，该作品获得国际红点设计概念奖。这种以用户为中心的创新训练，使学生的需求洞察与方案落地能力同步提升。

竞赛课程化机制激活了创新潜能。"挑战杯"创新创业大赛课程包的开发，将商业计划书撰写、路演技巧、融资策略等模块嵌入常规课程。某高职团队在课程指导下完成的"智能垃圾分类机器人"项目，不仅获得省级金奖，更被环保科技公司以 120 万元购买专利。数据显示，参与竞赛课程的学生，其创新提案数量是普通学生的 2.3 倍。

失败教育课程的设置培育了创新韧性。某机器人专业开设"创新实验"选修课，建立"允许试错-分析原因-迭代优化"的教学机制。在足型机器人开发项目中，学生经历了 13 次行走测试失败，最终通过仿生结构优化实现稳定运动。课程评估表明，经过系统失败训练的学生，其问题解决坚持度提升 55%，方案优化能力提高 40%。

四、职业素养培育：塑造可持续发展的精神内核

课程思政的有机融入重构了价值培养体系。某汽车类专业在"汽车发动机装配与检测"课程中以楚怡精神为引领，选取汽车机电维修岗位工作任务为载体，对标 1+X 汽维证书标准，重构基于工作过程要求的岗位职业核心能力模块课程，设计学习项目 7 个，工作任务 22 个，重构后内容体系如图 1-4 所示。其中，发动机机构装配与检测模块主要蕴含了民族精神和劳动精神，发动机系统装配与检测模块主要蕴含了求知精神、创新精神和工匠精神。通过重构课程内容，传承了楚怡精神，弘扬了楚怡文化。课程反馈显示，83% 的学生表示增强了职业责任感，91% 的教师观察到学生课堂参与度显著提升。

工匠精神课程模块强化了职业品格塑造。某数控技术专业开设"精密制造艺

立德树人工程 楚怡精神 思政主线

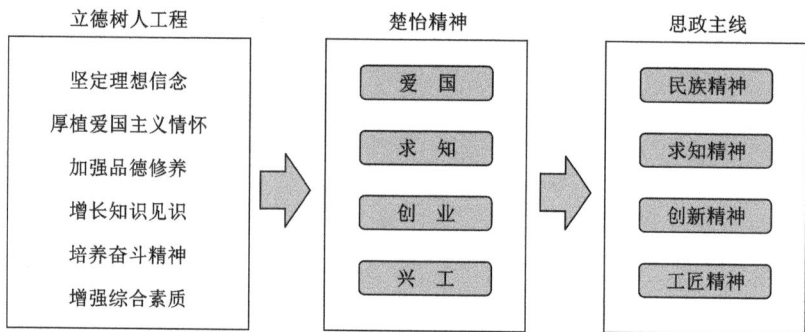

图1-4 课程思政整体设计方案

术"课程,通过微米级加工挑战、大师工作坊、质量追溯实践等教学环节,培养学生追求卓越的职业态度。企业跟踪调查发现,该专业毕业生产品合格率持续高于行业平均水平2.3个百分点,被评为"质量信得过员工"的比例是其他院校毕业生的1.8倍。

跨文化交际课程提升了职业适应能力。某跨境电商专业构建"语言能力+文化认知+商务实践"三位一体的课程体系,学生在"跨文化商务谈判"课程中,通过模拟东盟国家商务场景,培养文化敏感性与国际视野。毕业生在东南亚市场的客户投诉率下降67%,订单转化率提高24%。

五、终身学习能力建构:奠定持续发展的基础动能

通过设计和实施专门针对学习方法的课程(学习策略课程),能够有效提升学生的"元认知能力"——即对自己学习过程的认知、监控和调控能力。这种优化体现在学生能够更清晰地规划学习目标、更灵活地选择学习方法、更主动地反思学习效果,从而成为更高效、自主的学习者。某高职院校开设"高效学习技术"必修课,教授知识图谱构建、信息筛选、深度学习等方法。跟踪研究表明,修完该课程的学生,其新技术学习效率提升38%,职业资格考试通过率提高26%。

数字化转型课程培养了自适应学习能力。某大数据专业建立的"微证书课程体系",将Python编程、数据清洗、可视化分析等技能分解为可叠加的微课程模块。学生根据职业发展规划自主选择学习路径,这种柔性课程结构使毕业生三年内岗位晋升速度加快1.2倍。

社区学习课程的拓展延伸了发展空间。某老年服务与管理专业开发了"银龄学堂"社区学习课程,学生在服务老年人智能设备使用的过程中,既巩固了专业知识和沟通技巧,又培养了社会服务意识。参与该项目的学生,其职业认同感得分较普通学生高19%。

课程作为人才培养的核心载体,通过系统化设计与创新性实施,正在从知识

传递工具转变为综合素质的孵化器。在职业教育高质量发展新阶段，需要进一步强化课程的整合性、实践性与发展性：构建"技术技能+核心素养"的课程目标矩阵，开发"真实情境+数字孪生"的混合式课程资源，建立"过程性评价+发展性诊断"的课程评估体系。唯有如此，才能充分发挥课程在人才综合素质培养中的核心作用，为制造强国建设提供坚实的人才支撑。这要求职业教育工作者以系统思维推进课程改革，使课程真正成为技术技能人才全面发展的动力引擎。

第二章

课程内容与岗位技能的匹配①

第一节 课程内容与岗位技能相匹配的理论基础

>>>

一、课程内容与岗位技能相匹配的内涵

专业课程内容是职业教育的核心要素，它涵盖了知识、技能和素质三个层面。知识层面包括专业基础知识、专业核心知识和相关的行业知识；技能层面涉及专业技能、实践操作技能和职业通用技能；素质层面则包含职业素养、职业道德、团队协作能力、沟通能力等。

课程内容与岗位技能的匹配，意味着课程内容在知识、技能和素质方面与岗位技能要求高度契合。在知识方面，课程所传授的知识应与岗位实际工作所需的知识相一致，确保学生掌握扎实的专业知识，能够为技能的学习和应用提供理论支撑。例如，在机械制造专业中，课程内容应涵盖机械制图、工程力学、材料科学等基础知识，以及数控编程、模具设计等专业核心知识，使学生能够理解和应用机械制造领域的相关知识。

在技能方面，课程应注重培养学生与岗位技能要求相匹配的实践操作能力。通过实践教学环节，如实验、实训、实习等，让学生在实际操作中掌握岗位所需的技能，提高解决实际问题的能力。以护理专业为例，课程应设置大量的临床实践课程，让学生在医院实习过程中，熟练掌握护理操作技能，如静脉穿刺、伤口换药、病情观察等，为今后从事护理工作奠定坚实的基础。

---

① 本章获得湖南省职业教育与成人教育学会 2018 年职业教育专项委托课题"职业教育先进制造类专业课程建设与改革研究"（课题编号：XHW20180016）资助

在素质方面，课程应注重培养学生的职业素养和综合能力，使其具备良好的职业道德、团队协作精神、沟通能力和创新能力等。这些素质是学生在职业生涯中取得成功的关键因素，能够帮助学生更好地适应工作环境，与同事和客户进行有效的沟通和合作，为企业的发展做出贡献。例如，在市场营销专业中，课程应通过案例分析、项目实践等方式，培养学生的市场分析能力、营销策划能力、沟通能力和团队协作能力，使学生具备从事市场营销工作所需的综合素质。

二、相关理论依据

（一）能力本位教育理论

能力本位教育（competency-based education，CBE）理论强调以学生的能力发展为核心，以职业岗位所需的能力为依据来确定课程目标、设计课程内容和实施教学评价。该理论认为，学生的学习成果应以其实际具备的能力来衡量，而不是仅仅依据知识的掌握程度。在职业教育中，能力本位教育理论指导课程内容的设计，使其紧密围绕岗位能力要求，注重培养学生的实践能力和职业素养。通过对职业岗位的能力分析，将能力分解为具体的能力单元和技能点，然后将这些能力要素融入课程内容中，使学生在学习过程中能够逐步掌握岗位所需的能力。

（二）工作过程导向理论

工作过程导向理论认为，职业教育的课程应基于工作过程进行开发和设计。工作过程是指在企业生产或服务过程中，为完成某一工作任务而进行的一系列有逻辑关系的活动。以工作过程为导向的课程开发，强调将课程内容与实际工作过程紧密结合，使学生在学习过程中能够了解和体验真实的工作情境，掌握工作过程中的知识和技能。通过对典型工作任务的分析，确定课程的教学内容和教学顺序，按照工作过程的逻辑顺序组织教学，使学生在完成工作任务的过程中实现知识与技能的有机融合，提高学生的职业能力和就业竞争力。

（三）校企合作理论

校企合作是职业教育发展的重要途径，也是课程内容与岗位技能相匹配的重要保障。校企合作理论认为，学校和企业应紧密合作，充分发挥各自的优势，共同培养适应市场需求的高素质技能型人才。企业具有丰富的实践经验和先进的生产技术，能够为学校提供真实的工作场景和项目资源；学校则具有专业的教学资源和师资力量，能够为企业培养和输送合格的人才。通过校企合作，企业参与课程的开发和设计，将岗位技能要求和行业最新动态融入课程内容中，使课程内容更具实用性和针对性；学校则通过与企业的合作，为学生提供实习和就业机会,让学生在实践中锻炼和提升自己的能力,实现课程内容与岗位技能的有效对接。

第二节 岗位技能的"精细画像"

一、技能分类的多维视角

在职业教育领域,岗位技能的分类是构建科学教育体系、精准培养人才的基石。不同行业犹如各具特色的生态系统,其岗位技能需求呈现出独特的多样性。从制造业到服务业,从信息技术领域到医疗健康行业,每个行业都有其核心技能要求。

在制造业中,机械制造岗位的技能主要围绕机械加工工艺、数控编程与操作、模具设计与制造等方面展开。机械加工工艺要求从业者熟练掌握车、铣、刨、磨、钻等各种加工方法,能够根据零件的设计要求,合理选择加工工艺和切削参数,确保零件的加工精度和表面质量。数控编程与操作则需要掌握数控系统的编程指令和操作方法,能够根据零件图纸编写数控程序,并操作数控机床完成零件加工。模具设计与制造技能要求从业者具备模具设计的能力,能够根据产品的形状和尺寸设计出合理的模具结构,并掌握模具制造的工艺和方法,能够制造出高精度的模具。

而在服务业,如酒店餐饮行业,服务技能则是关键。包括良好的沟通技巧,能够热情、周到地为顾客提供服务,满足顾客的需求;餐饮服务技能,如摆台、上菜、斟酒等操作规范和技巧;客户关系管理能力,能够处理顾客的投诉和建议,提高顾客的满意度和忠诚度。

从岗位性质的角度来看,岗位技能又可分为技术技能、管理技能、沟通技能等。技术技能是指运用专业知识和技术手段解决实际问题的能力,是许多岗位的核心技能。例如,软件开发工程师需要熟练掌握编程语言、开发工具和算法,能够独立完成软件项目的设计、开发和测试工作。在电子电器维修领域,维修人员需要掌握电子电路原理、电器设备的故障诊断和维修方法,能够快速准确地排除设备故障。

管理技能则侧重于组织、协调和领导团队,以实现组织目标。管理者需要具备计划、组织、领导、控制等方面的能力,能够制订合理的工作计划,合理分配资源,激励团队成员,确保团队的高效运作。例如,项目经理需要负责项目的整体规划、进度控制、成本管理和风险管理,协调项目团队成员之间的工作,确保项目按时、按质、按量完成。

沟通技能是人与人之间传递信息、交流思想和情感的能力，对任何岗位而言都至关重要。良好的沟通技能能够促进团队合作，提高工作效率，避免误解和冲突。例如，销售人员需要具备出色的沟通能力，能够与客户建立良好的关系，了解客户需求，推销产品或服务。在跨部门协作中，沟通技能能够帮助不同部门的员工更好地理解彼此的工作，协调工作进度，共同完成项目任务。

二、层级划分的深度剖析

岗位技能的层级划分，如同搭建一座坚实的职业发展阶梯，清晰地展现了从新手到专家的成长路径。它不仅为从业者提供了明确的职业发展方向，也为职业教育制订教学目标和课程体系提供了重要依据。

初级技能是职业发展的起点，如同大厦的基石，为后续的技能提升奠定基础。初级技能主要涵盖基本的操作规范和简单的任务执行能力。以汽车维修行业为例，初级汽车维修人员需要掌握汽车的基本构造和工作原理，能够进行简单的汽车保养和维修工作，如更换机油、滤清器、轮胎等，以及进行一些常见故障的初步诊断和排除。在这个层级，从业者的工作通常是在指导下进行，对工作的理解和掌控能力相对有限。他们需要通过大量的实践操作，熟悉工作流程和基本技能，积累经验。

中级技能是在初级技能基础上的进一步提升，要求从业者具备更复杂的操作能力和问题解决能力。中级汽车维修人员不仅要熟练掌握各种维修工具和设备的使用，还要能够对汽车的复杂系统进行深入检测和维修，如发动机、变速器、制动系统等。他们需要具备一定的故障诊断能力，能够根据故障现象准确判断故障原因，并制定合理的维修方案。此外，中级技能从业者还需要具备一定的团队协作能力，能够与其他维修人员合作完成较大规模的维修项目。

高级技能则代表着行业内的专业水平和技术权威。高级汽车维修人员通常是行业内的专家，他们不仅具备深厚的理论知识和丰富的实践经验，还能够解决一些高难度的技术难题，如新型汽车的故障诊断和维修、复杂汽车电子系统的调试等。他们需要关注行业的最新技术发展动态，不断学习和掌握新的知识和技能，为企业提供技术支持和创新方案。在团队中，高级技能从业者往往承担着技术指导和培训的职责，帮助初级和中级技能人员提升技能水平。

某汽车制造专业通过对汽车制造产业人才需求调研分析，高职汽车制造与试验技术专业主要面向汽车制造产线装调操作、质量检测、生产管理、技术支持等岗位群，其中汽车零部件制造、汽车装调、汽车质检与返修、汽车零部件质量检验与管理这4类岗位主要为毕业1~2年的初始岗位，汽车装调技师、班组长、质检员、技术员这4类岗位主要为毕业3~5年的发展岗位，毕业工作5年以后可以胜任车间主管、质量主管、技术工程师、测试工程师等迁移岗位，如图2-1所示。

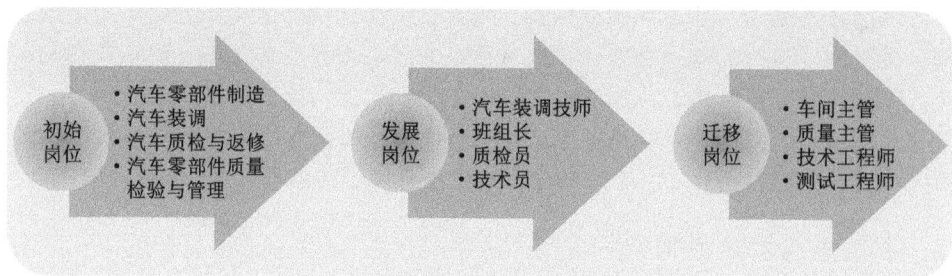

图 2-1　汽车制造专业面向岗位层级分析

从初级到高级，每个层级的技能要求逐步提升，对从业者的综合素质和能力要求也越来越高。这种层级划分，不仅体现了职业技能的进阶过程，也反映了职业发展的规律。在职业教育中，根据不同层级的技能要求，设计相应的课程和教学内容，能够帮助学生逐步提升技能水平，实现职业发展目标。

第三节　课程内容的模块化设计与技能匹配

课程内容的模块化设计与技能匹配是职业教育现代化的核心命题。在产业转型升级加速与职业形态持续演变的背景下，传统线性课程体系已难以满足精准化、个性化的人才培养需求。通过构建"模块解构–能力映射–动态适配"的系统化模型，职业教育正在实现从知识本位向能力本位的范式转换。这种转换不仅涉及课程结构的重组，更关乎教育供给与产业需求的深度耦合机制建设，其本质是对技术技能人才培养规律的再认知与再实践。

一、模块化设计的内在逻辑与价值重构

模块化课程设计的底层逻辑源于复杂系统理论的分形解构思想。将岗位能力体系视为由若干能力单元构成的复杂系统，每个模块对应特定的能力要素，形成"岗位能力树–技能模块簇–知识节点网"的三层结构。这种设计突破传统学科边界，例如，智能制造课程群将机械设计、工业互联、质量控制等模块进行有机整合，使学习者能够根据职业发展需求自主组合学习路径。德国联邦职教所（BIBB）的研究表明，模块化课程可使学习效率提升35%，知识迁移能力增强28%。

模块的动态组合特性创造了教育供给的弹性空间。通过设置基础模块、核心模块、拓展模块的三级架构，既能保证专业基础能力的系统培养，又能快速响应技术迭代带来的技能更新需求。某云计算专业构建的"微服务架构"课程模块库，包含容器技术、服务网格等12个可选模块，企业可根据自身技术栈定制培养方

案,实现人才培养与用人需求的精准对接。

模块化设计重构了教学组织的时空维度。采用学分银行制度与弹性学制相结合的管理模式,学习者可突破固定学期限制,根据个人认知节奏进行模块化学习。新加坡某理工学院推行的"技能单元累积制",允许学生在三年内分阶段完成50个技能单元认证,这种灵活性使跨岗位流动能力提升40%以上。

二、技能匹配的精准映射机制构建

技能匹配的核心在于建立"岗位需求–能力要素–课程模块"的转化模型。采用DACUM(developing a curriculum)分析法,将典型工作任务解构为具体能力指标,再转化为可测量的学习成果。例如,数控加工岗位通过工作过程分析,提取出工艺编程、设备操作、质量检测等6个能力域,对应开发出24个教学模块,形成能力培养的完整闭环。美国社区学院协会(AACC)的实践数据显示,该模式使课程与岗位匹配度从68%提升至92%。

虚拟仿真技术赋能技能匹配的精准度提升。通过数字孪生技术构建虚实融合的实训环境,将抽象的技能要求转化为可视化的操作标准。某航空维修专业开发的发动机拆装虚拟模块,实时监测学员的工具选择顺序、力矩施加曲线等230项操作参数,自动生成技能掌握度雷达图,使技能训练反馈周期从周级缩短至分钟级。

动态权重算法优化模块配置策略。运用层次分析法(AHP)建立技能要素的优先级模型,根据产业技术成熟度曲线动态调整模块学分权重。某工业互联网专业将预测性维护模块的学分权重从0.15提升至0.28,同步缩减传统设备点检模块权重,这种动态调整使毕业生起薪提高18%。

三、模块化系统的动态适配机制创新

通过监测专利数据库、技术路线图、设备更新数据等多维信息源,建立产业技术发展指数模型。当特定技术成熟度指数超过阈值时,自动触发课程模块更新流程。某高职院校的智能制造预警系统,在检测到数字孪生技术专利申请量季度增幅达20%时,6周内完成"虚拟调试技术"模块开发,实现将技术转化周期控制在产业应用窗口期内。

借鉴欧洲资格框架(EQF),构建可拆分、可叠加的模块化认证体系。某工业机器人专业将操作岗位技能分解为12个微证书,企业招聘时可要求"运动控制编程+视觉检测应用+安全规范"等证书组合,这种柔性认证模式使人才岗位适应弹性提升35%。

建立分布式学习的学分存证系统,每个模块的学习过程、考核结果、能力评价均上链存储。某职教集团开发的"技能链"平台,已实现跨区域34所院校的模块学分互认，企业可通过智能合约自动验证求职者的技能模块组合，人才匹配效率提升 60%。

四、质量保障体系的协同进化路径

通过院校自评、企业认证、第三方评估、学习者反馈形成持续改进闭环，建立"四维螺旋"质量监测模型。某专业教学标准要求每个模块必须通过合作企业的应用验证，模块淘汰率常年保持在 8%～12% 的优化区间。数据显示，经过三轮迭代的模块，其教学内容与岗位要求的偏离度控制在 5% 以内。

构建"技术导师+教学工程师"的双师结构，要求教师每学年完成至少两个新模块的认证培训。德国双元制院校推行"模块教学能力护照"制度，教师需定期更新工业 4.0 相关模块的执教资质，确保教学团队始终处于技术前沿，实现教师能力标准与模块体系同步升级。

通过大数据分析构建学习者能力矩阵，智能推荐模块学习路径，学习者画像技术驱动个性化适配。某院校的 AI 选课系统，根据学生的认知风格测试、技能掌握度、职业倾向等 12 个维度数据，生成个性化模块组合方案，使学习效率提升42%，技能达标率提高 29%。

模块化课程设计与技能匹配的深度协同，正在重构职业教育的发展范式。这种重构不仅需要教育系统的自我革新，更依赖产业技术的深度参与和制度环境的持续优化。未来发展的关键突破点在于：构建基于数字孪生的模块开发平台，实现产业技术向教育模块的自动转化；建立跨行业的技能模块交易所，形成市场化配置的教育资源流通机制；开发智能合约驱动的质量认证体系，打造可信可溯的技能培养生态。唯有如此，才能实现职业教育从"供给驱动"向"需求牵引"的根本转变，为数字经济时代培养真正具有岗位胜任力和职业发展力的技术技能人才。

第四节　实训课程在技能培养中的关键作用

>>>

在职业教育生态系统中，实训课程作为连接理论学习与岗位实践的枢纽，承担着技术技能内化与迁移的核心功能。随着产业智能化升级加速，技能培养已从单一操作训练转向复合能力建构，实训课程通过重构教学场景、创新培养模式、深化产教融合，正在成为破解"工学断层"的关键载体。本书从技能转化机制、职业素养塑造、创新能力激发、质量保障体系四个维度，系统解析实训课程在现代技能培养中的结构性作用。

一、技能转化机制：构建知行合一的培养闭环

实训课程通过"认知-模拟-实操-反思"的四阶递进机制，实现技能生成的结构化跃迁。认知阶段依托虚拟仿真系统解构复杂技能，如某智能制造专业开发的数控加工三维可视化模块，将刀具路径规划分解为 23 个动态演示节点，使抽象工艺原理具象化。模拟阶段采用增强现实技术构建混合实训环境，学生在 MR 设备辅助下完成高危操作演练，某化工安全实训系统的应用使事故发生率降低 82%。实操阶段引入真实生产项目，某汽车专业将企业年度改款车型的试制任务转化为教学项目，学生团队完成的焊接合格率达行业标准的 97%。反思阶段通过智能录播系统回放操作细节，结合 AI 分析生成技能提升方案，使技能固化效率提升 45%。

分层递进的实训体系破解了技能习得的阶梯难题。基础技能层采用标准化实训包，如电气控制课程将继电回路搭建分解为 12 个标准化实训单元，通过重复强化形成肌肉记忆。综合应用层设计跨模块复合任务，某物联网专业要求学生在 48 小时内完成"智能温室"系统的硬件部署与软件调试，培养多技能协同能力。创新突破层设置技术攻关项目，某数控加工实训室引入航空叶轮加工挑战，通过 0.01 mm精度要求激发技能极限突破，毕业生在省级技能大赛获奖率提升 300%。

数字孪生技术赋能技能训练精准度革命。某轨道交通实训基地构建列车控制系统的数字镜像，实时映射 2000 余个设备参数，学生可在虚拟环境中进行极端工况下的应急处理训练。数据对比显示，经过数字孪生预训练的学生，实车操作失误率降低 67%，技能掌握速度提升 55%。这种虚实融合的实训模式，使技能培养从经验导向转向数据驱动。

二、职业素养塑造：浸润式培育工匠精神

真实生产情境的嵌入重构职业价值认知。某精密制造实训车间实行企业化管理，引入 6S 现场管理标准与 ISO 质量体系，学生在加工零件时需同步填写工艺流转卡与质量追溯单。跟踪调查显示，经过 6 个月情境化实训的学生，其质量意识得分提升 58%，规范操作达标率从 71% 提升至 93%。这种环境浸润使职业素养培养从说教式转化为体验式。

工匠精神培育贯穿实训全过程。某陶瓷工艺实训课程设置"微米级精度挑战"模块，要求学生在素坯修制中将厚度误差控制在 ±0.05 mm 范围内。通过高精度测量仪器实时反馈与教师示范修正，学生不仅掌握拉坯技法，更养成精益求精的职业态度。企业反馈表明，该专业毕业生生产品优等品率较传统培养模式提高 22%。

职业道德培养融入技术决策过程。某生物制药实训项目设置"成本-质量-伦

理"三重约束条件,学生在完成疫苗分装任务时,需在设备故障情境下权衡停产损失与产品质量风险。通过 120 组对比实验发现,经过伦理决策训练的学生,在突发状况中选择合规操作的比例达 89%,较对照组高 37 个百分点。这种将职业伦理具象化为技术选项的实训设计,实现了价值观与技术行为的有机统一。

三、创新能力激发:搭建技术突破的实验场

某智能制造实训中心承接企业技术改造任务,学生团队在教师指导下完成数控机床预测性维护系统开发,将设备故障停机时间缩短 40%。这种基于真实需求的创新实训,将真实技术难题转化为创新孵化项目,使技术改进方案直接转化为生产力,近三年已产生 17 项实用新型专利。数据显示,参与技术攻关项目的学生,其创新思维测评得分较普通实训组高 31%。

某工业互联网实训基地整合机械、电子、信息三大专业资源,设置"智能产线数字孪生系统开发"综合项目,利用跨学科实训平台催生复合型创新能力。机械专业学生负责物理系统建模,电子专业开发传感器网络,信息专业完成数据中台搭建,这种跨界协作使学生在技术融合中形成系统思维。项目验收结果显示,跨专业团队的技术方案完整性比单专业团队高 42%。

某机器人实训课程设置"100 小时故障排除挑战",要求学生在无教师干预情况下解决预设的 200 个技术故障,通过失败教育机制培育创新韧性。数据分析表明,经历系统性失败训练的学生,其问题解决坚持度提升 55%,创新方案可行性提高 38%。这种将失败预设为学习路径的实训设计,打破了传统技能训练追求零失误的局限。

四、质量保障体系:构建持续改进的生态系统

构建"过程性数据+结果性考核+发展性追踪"三维评价体系,实现技能培养精准诊断。某数控实训课程通过智能机床采集 1200 个操作参数,形成个人技能画像;引入德国 AHK 职业资格认证标准进行结果考核;建立毕业生三年技能发展档案。数据显示,该评价体系使教学改进响应速度提升 60%,技能培养目标达成度从 78% 提升至 92%。

建立由企业技术总监、院校专业带头人和课程专家组成的实训标准委员会,产教协同机制保障实训内容动态更新。某新能源汽车专业每季度根据企业技术公报更新实训项目,三年累计淘汰 23% 的传统内容,新增电池热管理仿真等 12 个前沿模块。第三方评估表明,该专业实训内容与技术发展的同步率保持在 90%以上。

通过数字化管理平台优化资源配置效能,某职教集团开发实训资源智能调度系统,实时监控区域内院校的实训设备使用率,实现价值 3200 万元的高精设备跨

校共享。系统运行一年后，设备闲置率从 35% 降至 8%，大型设备使用效能提升 300%。这种基于大数据的资源管理模式，破解了实训基地建设投入与产出的效益难题。

在智能制造与数字化转型背景下，其发展呈现三大趋势：一是虚实融合的深度演进，数字孪生、元宇宙技术将构建更逼真的技能训练场景；二是产教协同的机制创新，企业真实生产数据将直接驱动实训内容更新；三是评价体系的智能变革，区块链与大数据技术将实现技能认证的可信追溯，实训课程正在经历从教学辅助手段向能力生成核心的范式转变。未来实训课程建设需重点突破三个瓶颈：建立跨企业的实训技术共享联盟，开发适应技术快速迭代的模块化实训资源包，构建覆盖技能全生命周期的培养生态系统。唯有如此，才能充分发挥实训课程在技术技能人才培养中的核心作用，为制造强国建设提供坚实支撑。

第三章

课程评价与人才培养质量保障①

　　课程评价与人才培养质量保障之间存在系统性关联，共同构成教育质量提升的核心机制。课程评价通过多维度的质量监测，为人才培养过程提供动态反馈，是质量保障体系的关键环节。其价值体现在三方面：其一，以学生学习成效为导向，通过课程目标达成度、内容前沿性、教学方法适切性等指标，构建教学质量的量化评估框架；其二，借助学生评教、同行评议、社会反馈等多元评价主体，形成立体化质量监控网络，推动课程体系的持续改进；其三，将评价结果转化为质量改进方案，促进课程内容与产业需求、科研动态的协同进化。

第一节　课程评价指标体系的构建

　　课程评价指标体系的构建是高等教育质量保障的核心工程，其科学性直接影响人才培养目标的实现效果。在新时代教育评价改革背景下，指标体系需要突破传统教学评价的局限，构建涵盖课程开发、实施、改进全过程的评价模型，形成具有诊断性、发展性和前瞻性的评价框架。本书从理论逻辑、构建原则、核心要素、实施路径、发展趋势五个维度展开系统论述。

一、课程评价指标体系的理论逻辑

　　教育目标导向理论：基于 OBE(outcome-based education)理念，将人才培养目标逐级分解为课程目标和单元目标，形成"培养目标–毕业要求–课程目标"三级映射体系。评价指标需体现课程目标与专业认证标准、行业能力需求的对应

---

①　本章获得 2024 年度湖南省社会科学成果评审委员会课题"高端装备'智'造转型下双高专业群教学场域的数字化提质改造研究"(课题编号：XSP24YBZ194)资助

关系。

系统论视角：课程作为人才培养系统的子系统，其评价应包含输入(教师、资源)、过程(教学设计)、输出(学习成效)、反馈(质量改进)四大模块，形成PDCA[计划(plan)、执行(do)、检查(check)、处理(act)]循环机制。

增值评价理论：突破终结性评价局限，建立涵盖课程学习前测、过程性评价、后测追踪的增值评估模型，关注学生能力发展的纵向提升幅度。

二、课程评价指标体系构建的基本原则

目标导向性原则：指标权重与课程在人才培养方案中的定位相匹配，专业核心课程侧重学科前沿能力培养，通识课程强化综合素质评价。

多维协同性原则：整合知识传授、能力培养、价值塑造三维目标，设置学术性指标(如课程深度)、发展性指标(如高阶思维培养)、德育指标(如课程思政成效)。

动态适应性原则：建立指标弹性调整机制，根据学科发展周期(基础学科5年、应用学科3年)、技术迭代速度(如人工智能相关课程每年更新)动态优化指标参数。

数据可测性原则：量化指标与质性评价相结合，知识目标采用标准化测试，能力目标使用表现性评价，价值目标通过行为观察量表测量。

三、课程评价指标体系的核心要素

(一)课程目标维度

目标定位科学性：课程目标与毕业要求指标点的支撑矩阵合理性(支撑强度分为强、中、弱三个量化等级)。

目标层次适配性：布鲁姆教育目标分类法的应用程度(记忆、理解、应用、分析、评价、创造六个层次覆盖率)。

目标时代前瞻性：融入学科最新研究成果的比例(国际主流期刊论文引用量)、对接产业技术标准的程度。

(二)课程内容维度

知识体系结构化：概念图谱的完整性(核心概念覆盖率)、知识模块的逻辑关联度。

内容前沿性指数：近五年学术成果占比、行业标准更新及时性(与权威数据库同步周期)。

跨学科融合度：交叉学科知识点的数量与质量(是否形成新的认知框架)。

(三)教学实施维度

教学方法适切性：混合式教学时长占比、翻转课堂实施效果（学生自主学习时长/教师讲授时长）。

技术赋能水平：智能教学平台使用深度（数据采集维度、个性化推荐精准度）。

课堂互动质量：有效提问密度（单位时间启发式问题数量）、深度学习发生率（批判性讨论时长占比）。

(四)学习成效维度

知识掌握度：课程目标达成度计算（学生考核成绩与预期标准的吻合度）。

能力发展值：批判性思维增值评估（标准化测试前后测分差）、复杂问题解决能力成长曲线。

情感态度变化：学习投入度指数（课堂参与频率、课外拓展学习时长）、学术志趣提升度。

(五)持续改进维度

反馈响应效率：评价结果转化为教学改进方案的时间周期（从数据采集到方案实施≤1学期）。

改进措施有效性：迭代后课程目标达成度提升幅度（纵向对比增长率≥15%）。

质量文化成熟度：教师自主改进意识（自愿参与教学研讨频次）、学生评教建议采纳率。

四、指标体系实施的关键路径

(一)数据采集系统建设——构建五维数据采集模型

过程性数据：学习行为日志、课堂视频分析；

结果性数据：考核成绩、项目作品；

感知性数据：师生访谈、问卷调查；

环境性数据：教学资源配置、技术支持水平；

对比性数据：平行班级差异、历史数据趋势。

(二)评价算法模型开发

采用层次分析法（AHP）确定指标权重，邀请教育专家、行业代表、在校生组成德尔菲专家组进行多轮赋权。

构建模糊综合评价模型处理定性指标，运用熵值法修正主观赋权偏差，开发学习成效预测模型，基于历史数据建立回归方程预测课程改进效果。

(三)质量改进闭环设计

建立"评价-诊断-反馈-改进-验证"五步循环机制；开发课程质量数字画像系统，实时呈现各维度指标雷达图；设置红黄蓝三级预警机制，对达成度低于0.7的指标启动强制改进程序。

(四)保障机制创新

实行课程负责人制度，将评价结果纳入教师绩效考核体系；建立课程建设专项基金，对创新性指标(如虚拟仿真实验开发)给予重点支持；构建校际课程评价联盟，开展指标体系的常模参照评价。

五、指标体系的发展趋势

智能评价深化：应用自然语言处理技术分析教学反思文本，利用计算机视觉识别课堂情感氛围。

多元主体协同：引入用人单位参与课程评价，开发校友成长追踪系统评估课程长期影响。

生态化评价转型：从单一课程评价转向课程群协同评价，关注课程体系的结构效益。

科学的课程评价指标体系应成为连接教育理念与教学实践的桥梁，既要遵循教育规律保持稳定性，又要适应时代需求体现前瞻性。未来需要持续深化评价理论研究，加强教育测量技术创新，最终形成具有中国特色的课程质量评价范式，为高等教育内涵式发展提供坚实支撑。

第二节　课程评价方法与人才培养质量的反馈

>>>

课程评价方法与人才培养质量反馈机制的协同建构是高等教育质量管理的核心命题。二者通过数据流、改进链和价值网的交互作用，形成教育质量持续提升的动力系统。从方法论关联、反馈机制构建、实践困境突破三个维度进行系统阐释，构建"评价-反馈-改进"的生态化质量提升模型。

一、课程评价方法与质量反馈的理论耦合

(一)教育质量生成机理

人才培养质量遵循"目标预设-过程实施-结果产出-反馈调节"的螺旋上升规

律。课程评价作为质量监测工具，通过形成性评价(过程控制)与终结性评价(结果验证)的双向作用，为质量反馈提供数据支撑。

(二)方法-反馈关联矩阵

诊断性评价：通过课堂观察量表、学习行为分析等技术手段，识别教学过程中的"质量黑箱"，生成教学策略改进建议。

发展性评价：运用课程目标达成度分析、学生能力增值评估等方法，建立质量提升的基准参照系。

认证性评价：结合专业认证标准构建"课程-毕业要求"关联矩阵，确保质量反馈的方向性与合规性。

(三)信息传导机制

评价数据通过三层传导路径影响质量改进：

(1)微观层：即时性课堂反馈(如学习通弹幕反馈)驱动教学策略动态调整；

(2)中观层：学期课程评价报告触发培养方案修订；

(3)宏观层：毕业生能力追踪数据反哺专业建设规划。

二、课程评价方法体系的创新维度

(一)过程性评价技术突破

智能课堂分析系统：应用情感计算技术(面部表情识别、语音情绪分析)量化课堂参与度；

学习分析仪表盘：整合慕课平台行为数据(视频停留时长、讨论区活跃度)生成学习投入度指数；

实时认知诊断：通过自适应测试系统动态监测概念掌握轨迹(如 IRT 项目反应理论应用)。

(二)结果性评价范式转型

(1)三维度能力评估模型：

①知识维度：采用概念图谱技术评估知识体系完整性；

②能力维度：基于虚拟仿真项目的表现性评价(如临床医学 OSCE 考核)；

③素养维度：运用情境判断测验测量职业伦理决策能力；

(2)学习成果证据链构建：通过电子学档系统收集课程论文、实验报告、项目作品等过程性证据。

(三)多主体评价机制创新

搭建 360 度评价矩阵，在教学实施前，从素质、知识和能力三维度对学生现有水平进行评测，在教学实施过程中，学习全过程可追溯，建构以形成性评价为主，由学生、教师和企业导师多方参与的多元多维评价机制。某高职院校"汽车文化"课程的评价过程由课前新知导学，课中难点讲解、要点内化，课后强化拓展四个环节组成，重点考查对汽车文化的认同、提炼和弘扬，促进学生、教师和企业的共同成长，如图3-1所示。

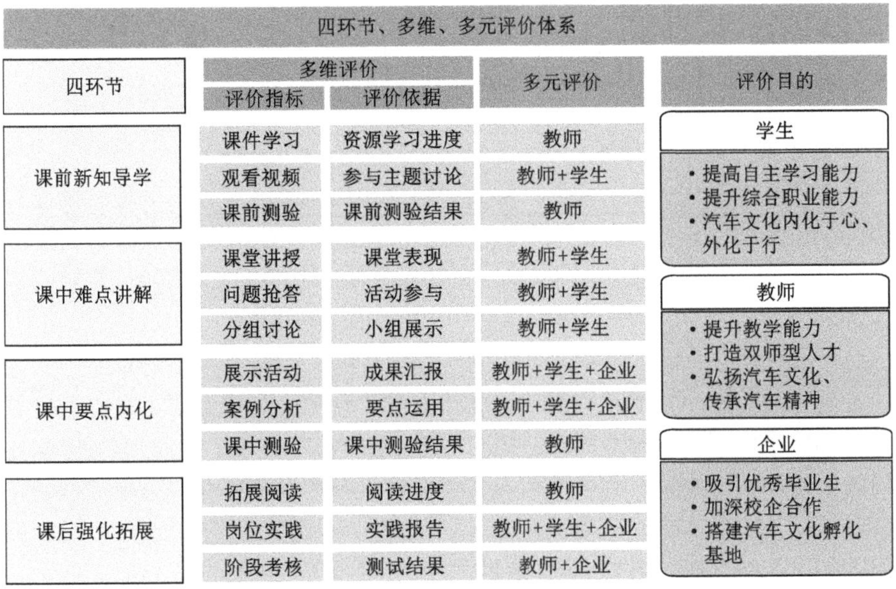

图 3-1 多元多维考核评价体系

三、质量反馈机制的建构路径

(一) 反馈数据融合系统

建立五维数据仓库，如表3-1所示：

表 3-1 五维数据仓库

数据维度	采集内容	分析技术
过程数据	课堂互动、在线学习轨迹	社会网络分析
结果数据	考核成绩、项目成果	多元统计分析
环境数据	教学资源配置、技术支持	投入产出分析
感知数据	师生访谈、调查问卷	文本情感分析
追踪数据	毕业生发展、雇主评价	纵向队列研究

(二)反馈信息处理模型

(1)开发质量诊断算法：

应用决策树模型识别教学质量关键影响因素；

构建结构方程模型验证"教学投入–学习成效"作用路径；

采用数据包络分析(DEA)评估课程资源使用效率。

(2)建立动态预警机制：

设置课程目标达成度阈值(如<0.6 触发黄色预警)；

构建教学质量风险指数(包含学生流失率、评教标准差等参数)。

(三)反馈效能提升策略

反馈信息可视化：开发课程质量数字画像系统，通过雷达图呈现各维度指标状态。

改进方案个性化：基于教师发展水平(新手型、成熟型、专家型)推送差异化改进建议。

质量文化培育：建立教学改进案例库，通过叙事研究促进经验传播。

某高职院校基于校本大数据中心，建设数据采集、资源共享、专业评价等环节的内部质量保证教学诊断与改进信息平台，从学校、专业、课程、教师、学生五个层面上绘制运行画像，全程采集人才培养过程中的数据信息，实施"8 字形"质量改进螺旋，在效果诊断、动态激励、学习创新、改进优化的"大循环"机制的基础上，建立实时监测、及时预警、改进优化的"小循环"机制，如图 3-2 所示。充分分析平台数据信息，对汽车制造与试验技术专业进行 SWOT 分析，确定该专业的标准链与目标链，通过分析专业数据信息，按照"8 字形"原则进行汽车制造与装配技术专业的诊断与改进后，效果良好。同时采取第三方评估，兼顾企业评价、社会评价等多种形式开展专业评价，形成专业评估报告和诊断改进报告，真正形成动态考核，闭环反馈，将立德树人作为育人的根本任务，促进学生的全面发展，持续提高人才培养质量。

四、实践困境与突破路径

(一)数据壁垒的破解

技术层面：开发跨平台数据接口，整合教务系统、学习平台、就业系统数据。

制度层面：制定教育数据管理办法，明确数据所有权和使用规范。

文化层面：构建数据共享激励机制，设立教学数据分析专项奖励。

(二)反馈迟滞的改善

建立实时反馈通道：开发教学预警 App，即时推送课堂异常数据(如到课率

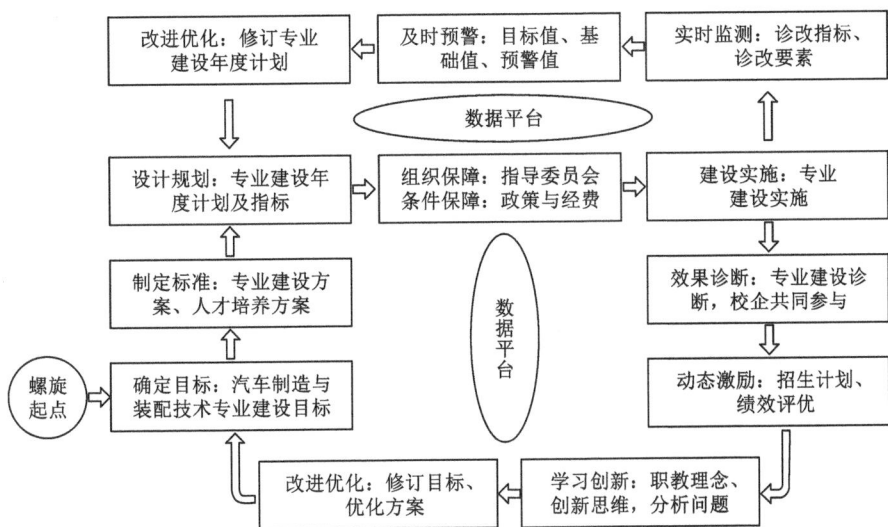

图 3-2　汽车制造与试验技术专业诊改"8 字"螺旋图

骤降)。

缩短改进周期:将评价反馈纳入学期中段教学检查,确保问题当学期解决。

强化过程督导:设置课程改进专员,跟踪反馈措施落实情况。

(三)主体参与的激活

学生层面:实施评价素养培训,提升评教有效性。

教师层面:将反馈改进成效纳入职称评审教学考核指标。

社会层面:构建行业专家库,定期参与课程质量诊断。

五、智能时代的发展转向

(一)评价方法的智能化重构

自然语言处理:自动分析教学反思文本,提取改进需求关键词。

计算机视觉:通过课堂视频分析师生互动模式[如 S-T(student-teacher)分析法]。

知识图谱:动态监测课程内容与学科前沿的知识距离。

(二)反馈机制的生态化演进

构建"评价-反馈"数字孪生系统,模拟不同改进方案的质量影响。开发自适应反馈引擎,根据历史数据自动优化建议推送策略。建立区块链存证体系,确保评价数据与改进过程的溯源性。

(三)质量共同体的形成

校际协同：组建课程评价联盟，共享评价指标与反馈模型。

校企联动：开发产教融合评价标准，实现人才培养与产业需求的动态校准。

国际接轨：参与全球工程教育质量监测(如 OECD 高等教育学习成果评估)。

课程评价方法与质量反馈机制的深度协同，本质上是在构建教育质量的自我进化系统。未来需要着力突破三个关键：在方法论层面推动智能评价与传统评价的融合创新，在机制层面实现即时反馈与长效改进的平衡统一，在价值层面达成工具理性与教育本真的和谐共生。通过构建"数据驱动、主体协同、持续迭代"的质量保障新范式，最终实现从经验主导型质量管理向循证导向型质量治理的转型升级。

第三节　课程持续改进与人才培养质量提升

>>>

课程持续改进与人才培养质量提升构成教育质量保障的动态闭环，其本质是通过系统性反馈调节实现教育供给与社会需求的精准适配。这种改进机制并非简单的修补式调整，而是基于质量证据链的螺旋式优化过程，涉及目标校准、内容重构、方法迭代、评价升级等多个维度的协同演进。

一、持续改进的驱动逻辑

(一)质量缺口诊断机制

通过毕业生能力追踪系统、雇主满意度调查、专业认证反馈等多元数据源，识别课程体系与职业标准的匹配偏差。例如，工程教育领域根据《华盛顿协议》毕业生能力要求，建立 12 项核心能力达成度监测矩阵。

(二)知识更新传导机制

构建"学科前沿–科研成果–课程内容"转化通道，建立学术论文向教学案例转化的量化标准(如三年内高水平论文转化率≥30%)，确保课程内容与科技发展同步迭代。

(三)教学有效性验证机制

运用教育实验研究方法，对新型教学模式(如项目式学习、虚拟仿真实训)进行对照组研究，通过学习成效差异分析确定最优实施方案。

二、改进过程的核心机制

(一)数据驱动的闭环管理

多源数据采集:整合课堂行为数据(如抬头率、互动频次)、学习平台数据(视频观看完成度、测试正确率)、质量评价数据(学生评教、同行评议)形成立体化证据链。

智能诊断分析:应用机器学习算法构建教学质量预测模型,识别关键改进因子(如当课程目标达成度与预习完成率相关系数>0.6时,需强化前置知识模块)。

动态调整实施:建立课程改进快速响应机制,对预警指标(如实验课程安全事故率>5%)启动48小时应急改进程序。

(二)多维度改进框架

内容维度:实施模块化课程重构,按照"基础模块(40%)+前沿模块(30%)+交叉模块(30%)"的比例动态调整。

方法维度:推进混合式教学改革,设定线下课堂高阶思维训练时长占比标准(专业核心课≥60%)。

评价维度:构建能力导向的评价体系,将复杂工程问题解决能力拆解为需求分析、方案设计、系统实现等可观测指标。

(三)教师发展支持体系

建立教学学术研究平台,将课程改进成效转化为教学改革研究成果。

实施分层培训计划,针对不同发展阶段教师(新手型、成熟型、专家型)提供差异化改进策略。

构建教师教学创新激励机制,将课程改进成效纳入职称评审核心指标。

三、质量提升的实现路径

(一)目标层递进机制

建立"专业培养目标-课程教学目标-课堂教学目标"三级映射体系,每级目标设置可测量的能力指标,实施目标达成度反向设计,依据毕业生核心能力缺陷回溯修订课程目标(如当60%毕业生在"工程伦理决策"能力不达标时,强化相关课程思政元素)。

(二)过程协同优化机制

构建课程群协同改进平台,消除课程间内容重复(通过文本相似度分析识别重复率>15%的内容模块)。

开发跨课程能力培养路线图,明确各教学环节在核心能力培养中的贡献度(如毕业设计需贡献40%的工程实践能力培养)。

(三)资源保障升级机制

建设智能化教学资源库,实现教学案例的自动标注与精准推送(如根据学生知识缺陷推送特定微课视频)。

构建实验设备更新标准,制定"五年期强制更新+年度动态补充"的硬件保障制度。

四、实践挑战与突破方向

(一)改进时效性困境

传统年度评估周期难以适应快速变化的人才需求。需构建实时监测系统,将改进周期压缩至学期内(如采用敏捷开发模式,实施每8周课程迭代)。

(二)主体动力不足

建立改进成效可视化系统,通过课程质量数字画像激发教师内生改进动力。

(三)技术应用壁垒

开发教师友好的智能改进工具包,降低数据分析与教学决策的技术门槛。

五、未来演进趋势

预测性改进模式:应用教育数据挖掘技术,在问题发生前预判改进需求(如通过学习行为预测知识掌握缺陷)。

生态化改进网络:构建"高校-企业-毕业生"协同改进共同体,形成人才质量提升的良性生态。

元宇宙教学重构:利用数字孪生技术创建虚拟改进实验室,模拟不同教学方案的质量影响。

课程持续改进作为人才培养质量提升的核心引擎,正在经历从经验驱动到数据驱动、从单点突破到系统优化的范式转型。其成功实施需要教育管理者建立质量文化认同,教师群体形成循证改进思维,技术支持系统实现智能升级,最终构建具有自组织、自适应特征的教育质量生态系统。

第二篇

产教融合的课程团队建设

第四章

课程团队建设理论基础①

　　课程是职业教育人才培养的核心要素，而课程团队则是课程建设与实施的关键力量。优秀的职业教育课程团队能够整合各方资源，深入研究行业需求和职业标准，开发出更贴合实际、更具针对性的课程体系。他们通过创新教学方法、优化教学内容，将理论知识与实践技能有机结合，有效提升学生的学习效果和职业能力。同时，课程团队建设还能促进教师之间的交流与合作，实现优势互补，共同提高教学水平和科研能力，为职业教育的可持续发展提供有力保障。因此，加强职业教育课程团队建设，是提升职业教育质量、培养适应新时代需求的高素质技术技能人才的关键所在。

第一节　职业教育课程团队核心概念界定

一、职业教育课程团队的内涵

　　职业教育课程团队是为实现职业教育目标，以课程建设与实施为核心任务，由具有不同专业背景、技能特长的教师和企业人员组成的协作群体。它具有独特的组织属性、专业属性和功能属性，在职业教育人才培养过程中发挥着关键作用。

（一）组织属性

　　从组织管理学角度来看，职业教育课程团队属于正式教学组织，有着明晰的组织边界和结构化、规范化取向。其组织目标明确，旨在围绕职业教育课程体系

① 本章获得 2024 年度湖南省职业院校教育教学改革研究项目"新质生产力跃迁下课岗耦合+数智融合的装备制造类课程改革研究"（课题编号：ZJGB2024154）资助

的优化与创新，提高课程教学质量，为培养适应市场需求的技术技能人才提供坚实的课程支撑。例如，在制订某专业的课程体系时，团队需深入调研行业需求，结合职业标准，制订出符合实际的课程目标和教学计划。

团队的任务具体且多元，涵盖课程开发、教学设计、教学资源建设、教学评价改革等。在课程开发过程中，成员要共同分析职业岗位能力要求，将其转化为课程内容，编写具有针对性的教材和教学资料，如图4-1所示。团队具有独特的结构和职能，成员包括专业教师、基础课教师、企业技术人员等，他们在专业结构、年龄结构、学历职称结构、教师来源结构等方面形成互补。在课程建设中，专业教师负责专业知识的传授和技能培养，基础课教师保障学生基础知识的掌握，企业技术人员则带来行业最新的技术和实践经验，共同承担起提升课程质量、推动教学改革的基本职能。同时，团队以成本和效益作为考察活动的主要标准，各成员在协作过程中不断磨合，以实现资源的优化配置和教学效果的最大化。

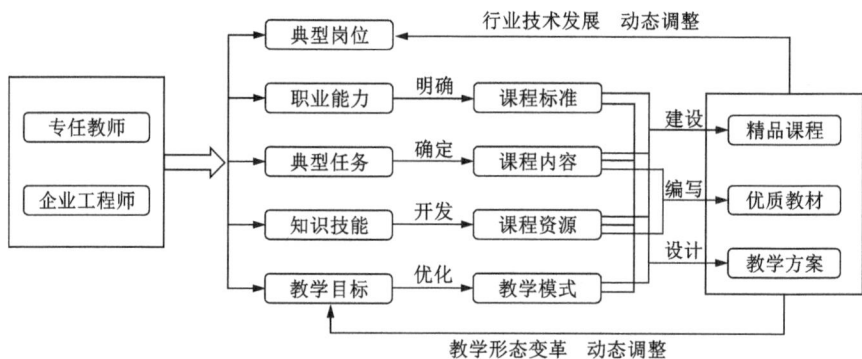

图4-1　课程团队的建设任务分解

(二)专业属性

作为专业共同体，职业教育课程团队依托专业而形成。它围绕某个具体专业或专业群组建，涵盖该专业(或专业群)的主要课程，包括公共基础课、专业基础课、专业核心课、专业实践课等。以机械制造专业课程团队为例，团队成员不仅要关注机械制图、机械设计等专业基础课程的教学，还要对数控加工技术、模具设计与制造等专业核心课程进行深入研究和建设。

团队成员来自同一专业或相近专业，在知识和技能上实现优势互补，通过分工协作共同完成专业人才培养任务。在课程实施过程中，教师们根据各自的专长，分别承担不同课程模块的教学任务，同时相互交流、协同教学，确保学生能够形成完整的专业知识体系和技能结构。评价职业教育课程团队建设成效的重要指标是专业建设水平，包括专业课程体系的优化程度、人才培养模式的创新成果以及教学成果的产出情况等。一个优秀的课程团队能够不断优化课程体系,使其更好地对接职业标准和行业需求,创新人才培养模式,提高学生的职业能力和综合素质,产出一系列高质量的教学成果,如精品课程、优秀教材、教学改革成果奖等。

(三)功能属性

职业教育课程团队具有多种重要功能。在促进教师发展方面,团队为教师提供了交流与合作的平台,通过团队研讨、教学观摩、课题研究等活动,帮助教师更新教育理念、提升教学能力和专业素养。青年教师可以在团队中向经验丰富的教师学习教学方法和技巧,参与科研项目,积累教学和科研经验,加速自身的成长。

在推动教学创新方面,团队能够整合各方资源,引入行业新技术、新工艺、新规范,创新教学内容和教学方法。例如,团队可以利用信息化技术,开发在线课程、虚拟仿真实验等教学资源,采用项目教学法、案例教学法、小组合作学习等教学方法,激发学生的学习兴趣和主动性,提高教学效果。团队还能促进课程与职业岗位的紧密结合,根据职业岗位能力需求调整课程内容和教学目标,使学生所学知识和技能能够更好地适应未来的工作岗位,提高学生的就业竞争力。

二、职业教育课程团队的特征

(一)成员构成多元化

职业教育课程团队成员涵盖了具有不同专业背景、技能特长的教师,以及来自企业的技术人员和能工巧匠。除了专业教师具备扎实的专业理论知识外,基础课教师为学生的综合素质培养提供保障,他们在人文素养、数学、外语等基础学科方面有着丰富的教学经验。企业人员则拥有丰富的实践经验和行业前沿技术,能够将实际工作中的案例和需求带入课程教学中。例如,在电子商务专业课程团队中,不仅有电子商务专业的教师讲解专业理论知识,还有企业中的电商运营经理分享实际运营中的技巧和经验,以及网络营销专家介绍最新的营销手段和策略。这种多元化的成员构成,使得团队能够从不同角度审视课程建设和教学问题,整合多方面的资源和知识,为学生提供更全面、更实用的教育。

(二)目标导向明确化

团队以培养符合市场需求的技术技能人才为核心目标,紧密围绕职业岗位能力要求开展课程建设和教学活动。在课程设置上,团队会根据市场调研和行业分析,确定专业所需的核心技能和知识,开设相应的课程模块。例如,在汽车检测与维修专业,团队会根据汽车维修行业对故障诊断、零部件维修、保养维护等岗位能力的要求,设置汽车发动机原理与维修、汽车底盘构造与维修、汽车故障诊断技术等课程。在教学过程中，注重培养学生的实践能力和职业素养，通过实践教学、企业实习等方式，让学生在真实的工作环境中锻炼技能，了解行业规范和职业要求，使学生毕业后能够迅速适应工作岗位，满足企业对技术技能人才的需求。

（三）协作模式创新化

团队成员之间采用分工协作的方式，共同推进课程建设和教学改革。在课程开发阶段，专业教师负责课程内容的设计和知识体系的构建，企业人员提供行业实际案例和技术标准，基础课教师协助优化课程的基础知识部分，共同完成课程大纲、教材编写等工作。在教学实施过程中，教师们根据各自的专长承担不同的教学任务，同时相互配合，开展项目教学、小组教学等。例如，在一个机械设计项目教学中，专业教师负责讲解设计原理和方法；企业技术人员指导学生如何将设计与实际生产相结合，解决实际生产中的问题；基础课教师则在数学计算、工程绘图等方面提供支持。这种创新的协作模式，打破了传统教学中教师各自为政的局面，实现了教学资源的优化配置和教学效果的最大化。

三、与传统教学团队的区别

（一）专业设置与课程设置依据

传统教学团队在专业设置和课程设置上主要依据学科知识体系，强调学科的系统性和完整性。例如，在普通高校的数学专业，课程设置会按照数学学科的理论框架，从数学分析、高等代数等基础课程逐步深入到实变函数、泛函分析等高级课程，注重知识的逻辑性和连贯性。而职业教育课程团队则以职业岗位能力需求为导向，根据市场对不同职业岗位的技能要求来设置专业和课程。以护理专业为例，职业教育课程团队会根据临床护理岗位对护士的能力要求，设置基础护理学、内科护理学、外科护理学、妇产科护理学等课程，这些课程紧密围绕护理工作的实际流程和技能需求，注重培养学生的实践操作能力和解决实际问题的能力。

（二）人才培养方式

传统教学团队在人才培养方式上以理论教学为主，实践教学主要是为了辅助理论知识的理解和掌握，着眼于理论知识的传授。在教学过程中，课堂讲授占据主导地位，实验、实习等实践环节相对较少，且往往是验证性的实验，缺乏与实际工作的紧密联系。例如，在一些传统工科专业的教学中，学生在课堂上学习大量的理论知识，在实验课上只是按照教材步骤进行简单的操作，以验证理论的正确性。而职业教育课程团队注重理论与实践并重，强调教育与训练结合，强化技能训练，如图4-2所示。在教学过程中，实践教学占据较大比重，通过项目教学、案例教学、实习实训等方式，让学生在实践中学习和掌握技能。例如，在烹饪专业的教学中，学生不仅要学习烹饪理论知识，更要花费大量时间在厨房进行实际操作，学习食材处理、烹饪技巧、菜品制作等技能，通过反复实践提高自己的烹饪水平。

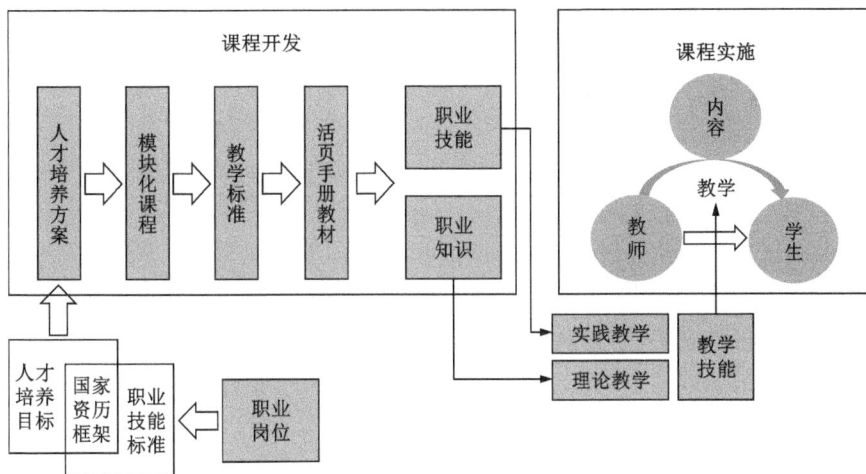

图 4-2　现代职业教育人才培养模式

(三) 评价标准

传统教学团队侧重学术成绩，以学生的考试成绩、论文撰写等作为主要评价标准，注重学生对理论知识的掌握程度。例如，在大学的文学类专业，学生的课程成绩主要由期末考试成绩和平时作业成绩组成，评价学生的依据主要是对文学理论、作品分析等知识的记忆和理解。而职业教育课程团队以职业技能和职业素养为主要评价标准，除了考核学生的理论知识外，更注重学生的实践操作能力、职业态度、团队协作能力等方面的评价。在评价过程中，采用多元化的评价方式，如实践操作考核、企业实习评价、项目成果评价等。例如，在动漫设计专业，评价学生时不仅要看其绘画技巧、软件操作能力等技能水平，还要考察其在团队项目中的沟通协作能力、对动漫行业的职业认知和创新能力等职业素养。

第二节　职业教育课程团队建设的理论支撑

一、协同创新理论

(一) 协同创新理论概述

协同创新理论起源于 20 世纪 70 年代，由德国理论物理学家赫尔曼·哈肯提出。该理论最初应用于物理学领域,用于研究系统中各要素之间的协同作用以及系统从无序到有序的演化过程。随着研究的深入,协同创新理论逐渐被引入管理学、教育学等多个领域。

协同创新理论的核心观点是协同效应和多主体互动。协同效应指的是系统中各个组成部分或子系统之间通过相互协作和配合,能够产生一种整体效能大于各部分效能之和的效果。在一个企业创新项目中,研发部门、生产部门、市场部门等不同部门之间通过协同合作,能够整合各自的资源和优势,加速创新成果的产生和应用,实现 1+1>2 的效果。多主体互动强调创新过程中不同主体之间的相互作用和交流。在协同创新中,企业、高校、科研机构、政府等主体通过共享信息、资源和目标,形成紧密的合作网络,共同推动创新的发展。例如,高校和科研机构拥有丰富的科研资源和人才储备,能够为企业提供前沿的技术和理论支持;企业则具有市场洞察力和生产实践经验,能够将科研成果转化为实际产品和服务;政府可以通过制定政策、提供资金支持等方式,为协同创新创造良好的环境和条件。

(二)在职业教育课程团队建设中的应用

在职业教育课程团队建设中,协同创新理论具有重要的指导意义。通过协同创新,职业教育课程团队能够与企业、行业实现深度合作,整合各方资源,提升教学质量。

课程团队可以与企业共同开展课程开发。企业能够提供行业最新的技术和实践需求,课程团队则根据这些需求,结合教育教学规律,开发出更具针对性和实用性的课程内容。例如,在软件开发专业课程开发中,课程团队与软件企业合作,了解企业在软件开发过程中所使用的技术工具、开发流程和项目管理方法,将这些内容融入课程中,使学生所学知识和技能能够与企业实际需求无缝对接。

课程团队可以与企业合作开展实践教学。企业为学生提供实习实训机会,让学生在真实的工作环境中锻炼技能;课程团队则负责对学生进行实习指导和管理,确保学生在实习过程中能够学到知识和技能。在汽车制造专业的实践教学中,课程团队与汽车制造企业合作,安排学生到企业生产线进行实习,企业师傅对学生进行现场指导,课程团队教师定期到企业了解学生实习情况,及时解决学生在实习中遇到的问题。

课程团队还可以与企业、行业协会等合作开展师资培训。企业和行业协会的专家能够为课程团队教师提供最新的行业动态和技术知识,帮助教师提升专业素养和实践能力;课程团队教师则可以将教学经验和教育教学理论分享给企业和行业协会,促进双方的共同发展。

二、教师专业发展共同体理论

(一)教师专业发展共同体理论内涵

教师专业发展共同体是指由教师自愿组成,以促进教师专业发展为共同目标,通过合作、交流、分享等方式,共同开展教育教学研究和实践活动的教师群体。它具有以下几个重要特征:一是共同目标,共同体成员拥有共同的专业发展目标,如提升教学能力、提高教育质量、促进学生发展等。二是合作交流,成员之间通过合作开展教学研究、课程开发、教学观摩等活动,分享教学经验、教学资源和教育教学成果,实现共同成长。三是相互信任,成员之间建立起相互信任的关系,尊重彼此的专业知识和经验,能够坦诚地交流和讨论问题。四是持续学习,共同体为成员提供持续学习的机会和平台,鼓励成员不断更新教育理念和知识结构,提升专业素养。

教师专业发展共同体的建设要素包括共同愿景、合作文化、制度保障和专业引领。共同愿景是共同体的灵魂,它能够凝聚成员的力量,使成员明确共同的努力方向。合作文化是共同体的核心,它营造了一种积极向上、合作共赢的氛围,促进成员之间的交流与合作。制度保障是共同体正常运行的基础,包括共同体的组织架构、活动规则、激励机制等,确保共同体的各项活动能够有序开展。专业引领是共同体发展的动力,通过邀请专家学者进行指导、开展专题培训等方式,为成员提供专业支持和指导,提升成员的专业水平。

(二)对职业教育课程团队建设的作用

教师专业发展共同体理论对职业教育课程团队建设具有重要的促进作用。它能够促进课程团队教师之间的交流合作。在共同体中,教师们可以分享自己在课程教学中的经验和心得,共同探讨教学中遇到的问题及其解决方案。在课程设计和教学方法的选择上,教师们可以相互交流意见,借鉴彼此的优点,不断优化课程教学。通过合作开展教学研究项目,教师们可以整合各自的资源和优势,深入研究职业教育课程的特点和规律,为课程团队建设提供理论支持。

该理论能够实现资源共享。共同体成员可以共享教学资源,如教材、课件、案例、试题等,减少教师的重复劳动,提高教学资源的质量和利用效率。共同体还可以共享教学设施和实践基地等资源,为课程教学提供更好的条件。通过共享企业资源和行业信息,教师们能够及时了解行业动态和企业需求,使课程教学更加贴近实际。

该理论能够促进教师的共同发展。在共同体中,教师们相互学习、相互激励,形成良好的学习氛围和竞争环境。新教师可以向经验丰富的教师学习教学方法和技巧,加速自身的成长;经验丰富的教师也可以从新教师那里获取新的教育理念和教学技术，不断更新自己的知识结构。通过共同参与课程团队建设和教学改革，教师们能够共同提升教学能力和专业素养，实现课程团队的整体发展。

三、现代学徒制理念

现代学徒制是一种将传统学徒培训方式与现代学校教育相结合的职业教育制度，是职业教育校企合作不断深化的一种新形式。它的内涵主要体现在以下几个方面：一是校企双主体育人，学校和企业共同承担人才培养的责任，学校负责学生的理论知识教学，企业负责学生的实践技能培训，双方紧密合作，实现人才培养目标。二是双导师指导，学生在学习过程中会有校内教师和企业师傅两位导师，校内教师传授理论知识，企业师傅进行实践指导，使学生在理论和实践方面都能得到全面的指导。三是工学结合，学生的学习过程分为在校学习和在企业实习两个阶段，交替进行，让学生在实践中学习知识和技能，提高职业能力。现代学徒制的设计框架如图4-3所示。

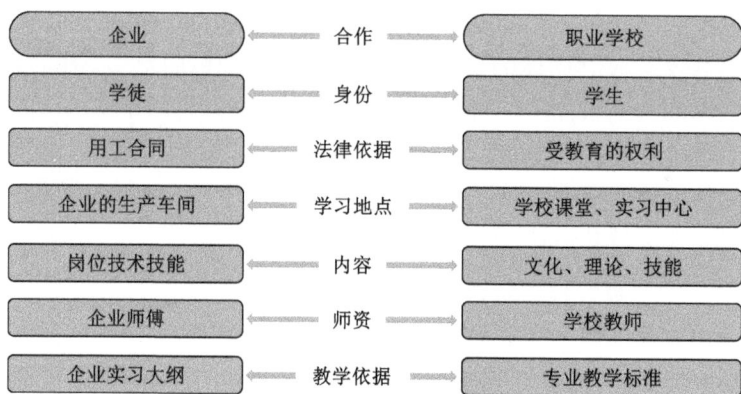

企业	合作	职业学校
学徒	身份	学生
用工合同	法律依据	受教育的权利
企业的生产车间	学习地点	学校课堂、实习中心
岗位技术技能	内容	文化、理论、技能
企业师傅	师资	学校教师
企业实习大纲	教学依据	专业教学标准

图4-3 现代学徒制框架

现代学徒制与传统学徒制存在明显区别。在培养目标上，传统学徒制主要培养熟练的技术工人，注重技能的传承；而现代学徒制则培养理论联系实际的高技能型人才，不仅关注技能培养，还注重学生综合素质和创新能力的提升。在教学内容上，传统学徒制主要以师傅的经验传授为主，教学内容相对单一；现代学徒制则结合了学校教育和企业实践，教学内容更加丰富，包括理论知识、实践技能、职业素养等多个方面。在教学方式上，传统学徒制以师傅带徒弟的一对一教学为主；现代学徒制则采用学校课堂教学与企业实践教学相结合的方式，教学形式更加多样化。在管理模式上，传统学徒制缺乏规范的管理体系；现代学徒制则建立了完善的管理制度，包括校企合作机制、双导师管理制度、学生考核评价制度等，保障人才培养的质量。

第五章

课程团队建设核心策略①

>>>

一、团队结构现状分析

(一) 人员构成不合理

当前，部分职业教育课程团队存在教师来源单一的问题，主要以高校应届毕业生和从普通教育领域转入的教师为主。这些教师虽然在理论知识方面有一定的储备，但缺乏企业实践经验，难以将实际工作中的案例和技术融入教学中，导致教学内容与实际工作脱节。例如，在某高职院校的机械制造专业课程团队中，80%的教师是从高校毕业后直接进入学校任教，他们对机械制造企业的生产流程、工艺标准和新技术应用了解甚少，在教学过程中只能照本宣科，无法满足学生对实践知识的需求。

"双师型"教师不足也是一个突出问题。"双师型"教师是指既具备扎实的理论教学能力，又拥有丰富实践经验和专业技能的教师。然而，在实际的课程团队中，"双师型"教师的比例普遍较低。根据对部分高职院校的调查，"双师型"教师占专任教师的比例平均仅为30%。一些教师虽然取得了相关的职业资格证书，但缺乏实际的企业工作经历，其"双师"素质仅仅停留在表面。这使得课程团队在实践教学环节的指导能力不足，无法有效地培养学生的职业技能。

---

① 本章获得 2023 年湖南省职业院校教育教学改革研究项目"基于 STEAM 教育理念下装备制造类专业数字化设计课程教学模式创新的研究"(课题编号：ZJGB2023619)资助

(二)专业结构失衡

课程团队在专业分布上存在不合理现象,一些热门专业的教师数量过多,而一些新兴专业和交叉学科专业的教师则相对匮乏。随着人工智能、大数据、物联网等新兴技术的快速发展,相关专业的人才需求日益增长,但高职院校课程团队中这些专业的教师数量却远远不能满足教学需求。某高职院校计划开设人工智能专业,但由于缺乏相关专业背景的教师,只能从计算机专业和数学专业抽调教师进行教学,这些教师虽然具备一定的基础知识,但对人工智能领域的前沿技术和应用场景了解有限,难以开展高质量的教学。

这种专业结构失衡导致课程团队无法满足多学科融合的教学需求。现代职业教育强调培养学生的综合素养和跨学科能力,许多课程需要涉及多个学科领域的知识。但由于专业结构不合理,课程团队在开展跨学科教学时面临诸多困难,无法整合各学科的优势资源,影响了教学效果和学生的学习体验。例如,在智能制造专业的课程教学中,需要融合机械工程、电子技术、自动化控制、计算机科学等多个学科的知识,但由于课程团队中各专业教师之间缺乏有效的沟通与协作,教学内容无法有机融合,学生难以形成系统的知识体系。

(三)年龄与职称结构不合理

部分课程团队存在年龄结构老化的问题,老教师占比较高,年轻教师数量不足。老教师虽然教学经验丰富,但在教学理念和方法上相对传统,对新技术、新方法的接受能力较弱。而年轻教师具有创新精神和活力,能够快速掌握新知识、新技术,但由于缺乏教学经验,在教学过程中可能会出现一些问题。某高职院校的会计专业课程团队中,50岁以上的教师占比达到60%,年轻教师在团队中缺乏话语权,团队整体的教学创新能力不足。在引入新的会计软件和教学方法时,老教师往往持保守态度,导致教学改革难以推进。

职称结构不合理也是一个不容忽视的问题。一些课程团队中,高级职称教师比例过高,而中级和初级职称教师的发展空间受到限制。高级职称教师通常承担较多的科研和行政工作,用于教学的精力相对有限。而中级和初级职称教师虽然教学积极性高,但由于缺乏足够的指导和支持,教学水平提升缓慢。此外,职称评定往往侧重于科研成果,忽视了教学能力和实践经验,导致一些教学能力强、实践经验丰富的教师在职称评定中处于劣势,这影响了他们的工作积极性。这对课程团队的创新和发展产生了制约,不利于团队的可持续发展。

二、优化原则与目标

(一)多元化原则

团队成员应包括不同专业背景、技能水平和工作经验的教师,以实现知识和技能的互补。除了学科专业教师外，还应引入具有企业实践经验的技术人员、行业专家等作为兼职教师。在某高职院校的汽车检测与维修专业课程团队中，除了本校的专业教师外，还聘请了汽车 4S 店的技术总监、维修技师等作为兼职教师。这些兼职教师带来了汽车行业的最新技术和维修案例，与专业教师的理论知识相结合，使教学内容更加丰富和实用。同时，课程团队还注重吸纳不同专业背景的教师，如电子信息、机械工程等专业的教师，以满足汽车检测与维修专业多学科融合的教学需求。

不同年龄层次和职称的教师也应合理搭配。年轻教师具有创新思维和活力，能够带来新的教学理念和方法；中年教师教学经验丰富，业务能力较强，是团队的中坚力量；老年教师教学经验深厚，对教育事业有着深刻的理解，能够为年轻教师提供指导和建议。在职称方面，高、中、初级职称教师应形成合理的比例结构，为教师的职业发展提供良好的空间。通过多元化的人员构成，课程团队能够充分发挥各自的优势，提高教学质量和团队的整体实力。

(二)互补性原则

团队成员在知识、能力和性格等方面应相互补充，形成优势互补的团队结构。在知识结构上，不同专业背景的教师可以相互学习，拓宽自己的知识面。在某高职院校的电子商务专业课程团队中，计算机专业的教师可以向市场营销专业的教师学习市场推广和营销策略等知识，市场营销专业的教师可以向计算机专业的教师学习电子商务平台的开发和维护等知识，从而实现知识的共享和融合。

在能力方面，教学能力强的教师可以与实践能力强的教师相互配合。教学能力强的教师能够将理论知识深入浅出地传授给学生，实践能力强的教师则可以指导学生进行实际操作，提高学生的实践能力。在性格方面，开朗外向的教师可以与沉稳内敛的教师相互搭配，共同营造和谐的团队氛围。通过互补性原则，课程团队能够提高整体效能，更好地完成教学任务和团队目标。

(三)目标明确性

优化团队结构的目标是提高教学质量、促进教师专业发展和培养学生职业能力。通过合理配置团队成员，能够提高教学的针对性和实效性，使教学内容更加贴近实际工作需求，从而提高教学质量。某高职院校的护理专业课程团队通过优化团队结构，引入了具有临床护理经验的教师和行业专家，他们将临床实践中的最新案例和护理技术融入到教学中，使学生能够更好地掌握护理技能，提高了教学质量。

合理的团队结构还能够为教师提供更多的学习和发展机会，促进教师的专业成长。团队成员之间可以相互交流，合作开展教学研究和课程改革，共同提高教学水平和科研能力。课程团队能够根据学生的特点和需求，制订个性化的培养方案，通过实践教学、项目指导等方式，培养学生的职业技能和综合素养，为学生的职业发展打下坚实的基础。

三、具体优化措施

（一）多渠道招聘与引进人才

通过公开招聘、人才引进等方式，吸引企业技术人才和高学历教师加入团队。在公开招聘过程中，应明确招聘要求，重点招聘具有丰富企业实践经验的技术人才。可以与企业合作，建立人才推荐机制，由企业推荐优秀的技术人员到学校任教。同时，加大对高学历教师的引进力度，吸引具有博士、硕士学位的教师加入课程团队，提高团队的整体学历水平。某高职院校为了加强计算机网络技术专业课程团队建设，面向社会公开招聘了5名具有5年以上企业工作经验的网络工程师，同时从高校引进了3名计算机网络专业的博士研究生。这些新成员的加入，为课程团队带来了活力和新的思路，提升了团队的教学和科研水平。

此外，还可以通过兼职教师的形式，邀请企业技术骨干和行业专家定期到学校授课、举办讲座和指导学生实践。兼职教师能够将企业的实际项目和工作经验带入课堂，使学生更好地了解行业动态和职业需求。某高职院校的建筑工程专业课程团队聘请了当地知名建筑企业的项目经理、总工程师等作为兼职教师，他们每月定期到学校为学生授课，分享建筑工程领域的最新技术和项目管理经验，指导学生进行课程设计和毕业设计，受到了学生的广泛欢迎。

（二）内部教师结构调整

根据教师的专业特长和教学能力，对团队内部教师进行合理分工和调配。明确每位教师的教学任务和职责，避免教学任务分配不合理导致的教师工作压力过大或教学质量下降。对于教学能力强、专业知识扎实的教师，可以安排他们承担核心课程的教学任务；对于实践经验丰富的教师，可以安排他们指导学生的实践教学和实习实训。某高职院校的数控技术专业课程团队对教师团队进行了重新分工，让具有丰富数控编程经验的教师负责"数控编程与操作"课程的教学，让具有数控设备维修经验的教师负责"数控设备故障诊断与维修"课程的教学和实践指导，使教师能够充分发挥自己的专业特长，提高了教学效果。

同时，鼓励教师跨学科、跨专业发展，培养"双师型"教师。学校可以提供相关的培训和进修机会，支持教师参加企业实践和技术研发项目，提高教师的实践能力和专业素养。某高职院校为了培养"双师型"教师，每年选派教师到企业进行为期3个月的实践锻炼，参与企业的生产和技术研发工作。教师在实践过程中，不仅提高了自己的实践能力，还了解了行业的最新技术和发展趋势，为教学内容的更新和教学方法的改进提供了有力支持。

(三)建立动态调整机制

根据市场需求和团队发展情况,定期对团队结构进行评估和调整。建立科学的评估指标体系,从教学质量、教师专业发展、学生满意度等多个方面对团队结构进行评估。通过问卷调查、学生评价、教学成果展示等方式收集数据,分析团队结构上存在的问题和不足之处。某高职院校每学年对课程团队进行一次全面评估,通过对学生的问卷调查和对教师的教学评价,发现部分课程团队存在教师年龄结构老化、专业结构不合理等问题。

根据评估结果,及时调整团队结构,优化人员配置。对于市场需求变化较大的专业,及时调整课程设置和教师配备,确保课程团队能够适应市场需求。对于发展较好的课程团队,可以适当增加人员编制,引进更多优秀人才,进一步提升团队的实力。例如,随着电商行业的快速发展,市场对物流人才的需求发生了变化,更加注重物流信息化和智能化方面的能力,某高职院校物流管理专业根据市场需求,及时调整了专业课程团队的结构,引进了具有物流信息化和智能化技术背景的教师,调整了课程设置,增加了相关课程的教学内容,使课程团队能够更好地满足市场需求,培养出符合市场需求的物流人才。

第二节 能力提升路径

一、教师能力现状分析

(一)实践能力不足

当前,职业教育教师普遍存在实践经验缺乏的问题。许多教师从高校毕业后直接进入高职院校任教,没有在企业或相关行业的工作经历,对实际工作中的流程、技术和问题了解甚少。这导致他们在教学过程中难以将理论知识与实践有效结合,教学内容往往局限于书本知识,无法满足学生对实践技能的需求。

以某高职院校的数控技术专业为例,该专业的部分教师虽然在数控编程、机床操作等理论知识方面有一定的储备,但由于缺乏实际的企业工作经验,在指导学生进行数控加工实训时,无法将企业的实际加工案例和工艺要求融入教学,学生只能进行一些简单的模拟操作,难以掌握实际工作中的数控加工技能。在实际生产中,数控加工涉及刀具选择、切削参数优化、零件装夹等多个环节,每个环节都有其特定的技术要求和操作规范。而这些教师由于缺乏实践经验,无法向学生详细讲解这些实际操作中的要点和技巧,学生在毕业后进入企业工作时,往往需要较长时间的适应期才能胜任工作。

(二)教学创新能力欠缺

在教学方法上,部分教师仍然采用传统的讲授式教学方法,注重知识的灌输,忽视学生的主体地位和学习兴趣的激发。这种教学方法导致课堂氛围沉闷,学生的学习积极性不高,教学效果不佳。在某高职院校的市场营销专业课程中,教师在讲解市场营销策略时,只是单纯地讲解理论知识,没有结合实际的市场案例进行分析,也没有让学生参与实际的营销策划活动。学生对这些抽象的理论知识理解困难,学习兴趣不高,无法将所学知识应用到实际的市场营销工作中。

在课程设计方面,一些教师缺乏创新意识,课程内容陈旧,与行业发展和市场需求脱节。职业教育的课程应该紧密结合行业的发展动态和市场需求进行设计和更新,但部分教师对行业的最新发展趋势关注不够,课程内容没有及时更新,无法培养学生适应市场需求的能力。某高职院校的计算机网络技术专业课程,在课程设计上仍然以传统的网络架构和技术为主,没有及时引入云计算、大数据、物联网等新兴技术的相关内容。而这些新兴技术在当前的计算机网络领域已经得到了广泛应用,学生如果不能掌握这些新技术,将难以适应未来的就业市场。

(三)科研能力薄弱

部分教师科研意识淡薄,认为科研工作与教学工作无关,只注重教学任务的完成,忽视了科研能力的提升。在对某高职院校的调查中发现,有超过50%的教师表示很少参与科研项目,认为科研工作对自己的教学工作没有太大帮助。这种观念导致教师缺乏对科研工作的积极性和主动性,无法将科研成果转化为教学资源,影响了教学质量的提升。

科研方法欠缺也是一个普遍存在的问题。许多教师缺乏系统的科研训练,不了解科研项目的申报流程、研究方法和论文撰写规范,在开展科研工作时感到无从下手。某高职院校的一位教师在申报科研项目时,由于对科研项目的选题、论证和申报书的撰写缺乏了解,导致申报的项目多次被驳回。科研能力的薄弱不仅影响了教师个人的职业发展,也限制了课程团队的整体发展,使得团队在教学改革、课程开发和社会服务等方面缺乏创新动力和支撑。

二、能力提升目标与规划

(一)短期目标

在短期内,教师应掌握基本的教学技能,如教学设计、课堂组织、教学评价等。通过参加教学技能培训和教学观摩活动,学习先进的教学理念和方法,提高课堂教学的质量和效果。某高职院校为新入职教师组织了为期一个月的教学技能培训,邀请了教学经验丰富的专家和骨干教师进行授课,内容包括教学设计、教学方法、教学评价等方面。通过培训，新教师能够快速掌握基本的教学技能，在课堂教学中能够更加自信和熟练地进行教学活动。

实践能力方面，教师应通过企业实践、实验实训等方式，积累一定的实践经验，熟悉相关行业的工作流程和技术要求。某高职院校安排专业教师利用寒暑假时间到企业进行实践锻炼，参与企业的生产和项目研发工作。教师在实践过程中，了解了企业的最新技术和生产工艺，掌握了实际工作中的操作技能，为今后的实践教学提供了丰富的素材和经验。

(二) 中期目标

在中期内，教师应在教学创新方面取得一定的成果，能够根据课程特点和学生需求，创新教学方法和手段，开展项目教学、案例教学、情境教学等多样化的教学活动，提高学生的学习兴趣和学习效果。某高职院校的汽车检测与维修专业课程团队，针对该专业的特点，采用了项目教学法。教师将汽车检测与维修的实际工作任务分解为若干个项目，让学生在完成项目的过程中学习和掌握相关的知识和技能。通过项目教学法，学生的学习积极性明显提高，实践能力和解决问题的能力得到了有效锻炼。

在课程开发方面，教师应能够参与课程标准的制定、教材的编写和课程资源的建设，使课程内容更加符合行业发展和学生的学习需求。某高职院校的电子商务专业课程团队，结合行业的最新发展趋势和企业对人才的需求，对该专业的课程标准进行了修订，重新编写了教材，并开发了一系列的在线课程资源。通过这些努力，该专业的课程内容更加贴近实际工作，学生的学习效果得到了显著提升。

(三) 长期目标

从长期来看，教师应在科研成果转化方面取得突破，能够将科研成果应用于教学实践，推动教学改革和课程建设，提高教学质量。同时，积极参与企业的技术研发和创新活动，为企业提供技术支持和解决方案，提升课程团队的社会服务能力。某高职院校的机械制造专业课程团队，承担了多项科研项目，其中一项关于新型机械加工工艺的研究成果成功应用于企业的生产实践，提高了企业的生产效率和产品质量。同时，该团队将这一科研成果转化为教学内容，编写了相关的教材和教学案例，应用于教学实践中，使学生能够接触到最新的科研成果和技术，提高了学生的学习兴趣和创新能力。

在社会服务方面，教师应积极参与行业培训、技术咨询等活动，发挥专业优势，为社会培养更多的高素质技术技能人才，提升课程团队的社会影响力。某高职院校的烹饪专业课程团队，为当地的餐饮企业提供员工培训和技术咨询服务，帮助企业提升员工的专业技能和服务水平。同时，该团队还积极参与社会公益活动，为社区居民举办烹饪技能培训讲座，受到了社会各界的广泛好评，提升了课程团队的社会影响力。

三、提升措施与方法

(一)培训与进修

学校应定期组织教师参加国内外培训，邀请行业专家和教育专家进行授课，内容涵盖专业知识、教学方法、课程设计、教育技术等方面。某高职院校每年都会选派教师参加国内外的专业培训和学术研讨会，如参加全国高职院校教师信息化教学能力提升培训、国际职业教育论坛等。通过这些培训和研讨会，教师能够了解行业的最新发展动态和教育教学的前沿理念，学习先进的教学方法和技术，拓宽自己的视野和思路。

鼓励教师参加学术研讨会，与同行进行交流和学习，分享教学经验和科研成果。参加学术研讨会可以让教师了解同行的研究成果和教学经验，发现自己的不足之处，从而有针对性地进行学习和提升。某高职院校的教师积极参加各类学术研讨会，如在全国职业教育课程改革与创新研讨会上，教师们与来自全国各地的同行进行了深入的交流和探讨，学习了其他院校在课程改革方面的成功经验，为自己学校的课程改革提供了有益的参考。

(二)企业实践锻炼

教师应定期深入企业实践，参与企业的生产和项目研发工作，了解行业的最新动态和技术发展趋势。某高职院校规定专业教师每两年必须到企业进行为期半年的实践锻炼，实践期间，教师与企业员工一起工作，参与企业的实际项目，掌握了企业的最新技术和生产工艺。通过企业实践，教师能够将企业的实际工作经验和案例带回课堂，丰富教学内容，提高教学的针对性和实用性。

与企业建立长期合作关系，参与企业的技术研发和创新活动，为企业提供技术支持和解决方案，这种合作不仅可以提高教师的实践能力和科研水平，还可以为企业创造价值，实现校企双赢。某高职院校的电子信息专业课程团队与当地的一家电子企业建立了长期合作关系，共同开展了多项技术研发项目。在项目研发过程中，教师充分发挥自己的专业优势，为企业解决了多个技术难题，同时也提升了自己的实践能力和科研水平。

(三)教学反思与研究

教师应定期进行教学反思，总结教学过程中的经验和教训，分析教学中存在的问题，并提出改进措施。通过教学反思，教师可以不断优化教学方法和教学过程，提高教学质量。某高职院校要求教师每学期撰写教学反思报告，对自己本学期的教学工作进行全面的反思和总结。教师们在反思报告中，详细分析了自己在教学过程中存在的问题，如教学方法单一、教学内容与实际联系不紧密等，并提出了相应的改进措施。通过教学反思，教师们的教学水平得到了显著提高。

鼓励教师开展教学研究，探索新的教学方法和教学模式，推动教学改革和课程建设。教学研究可以帮助教师深入了解教学规律，提高教学的科学性和有效性。某高职院校设立了教学研究项目，鼓励教师积极申报。教师们通过开展教学研究项目，探索了项目教学法、翻转课堂、混合式教学等多种新的教学方法和教学模式，并将研究成果应用于教学实践中，取得了良好的教学效果。

第三节　协同创新机制

一、协同创新的内涵与意义

（一）内涵

职业教育课程团队协同创新是指课程团队与企业、其他院校以及科研机构等不同主体之间，通过资源共享、优势互补、合作交流等方式，共同开展课程建设、教学改革、科研创新等活动，以实现人才培养质量提升、教学科研水平提高以及服务社会能力增强的目标。

校企协同是其中的重要组成部分，强调高职院校课程团队与企业之间的深度合作。企业作为市场的主体，对行业的发展趋势、技术需求和人才规格有着敏锐的洞察力和准确的把握。课程团队与企业协同，能够将企业的实际需求融入课程教学中，使课程内容更加贴近生产实际。例如，企业可以为课程团队提供真实的项目案例和实践场景，课程团队则根据企业需求开发相应的课程模块和实践教学环节，让学生在学习过程中能够接触到实际工作中面临的问题和挑战，提高学生的实践能力和解决问题的能力。同时，企业的技术人员和管理人员可以作为兼职教师，参与课程教学和实践指导，为学生传授行业的最新技术和管理经验。

校际协同则侧重于不同高职院校课程团队之间的合作。不同院校在专业设置、师资力量、教学资源等方面存在差异，通过校际协同，能够实现资源共享和优势互补。例如，一些院校在某些专业领域具有较强的师资力量和教学资源，而另一些院校在其他专业领域具有特色和优势。通过校际协同，这些院校可以相互交流教学经验、共享课程资源、开展联合教学和科研项目等，共同提高教学质量和科研水平。此外，校际协同还可以促进学生之间的交流与合作，拓宽学生的视野，培养学生的团队协作能力和创新精神。

(二) 意义

协同创新对于职业教育具有多方面的重要意义。首先,它能够有效整合资源。职业教育的发展需要丰富的资源支持,包括资金、设备、技术、人才等。通过协同创新,课程团队可以与企业、其他院校和科研机构等合作,整合各方资源,实现资源的优化配置。企业可以为课程团队提供先进的设备和实践场地,科研机构可以提供前沿的科研成果和技术支持,其他院校可以分享优质的课程资源和教学经验。这些资源的整合,能够为职业教育的发展提供更有力的保障,提高职业教育的办学水平和质量。

协同创新有助于提高教学质量。在协同创新过程中,课程团队能够及时了解行业的最新发展动态和企业的实际需求,从而对课程内容和教学方法进行及时调整和创新。与企业合作开展项目教学,能够让学生在实践中学习和掌握知识和技能,提高学生的学习兴趣和学习效果。同时,协同创新还能够促进教师的专业发展,教师通过与企业技术人员和其他院校教师的交流与合作,能够不断更新自己的知识结构,提高自己的教学能力和科研水平,进而提升教学质量。

协同创新对促进职业教育与产业融合具有关键作用。职业教育的本质是为产业发展培养高素质技术技能人才,通过协同创新,能够加强职业教育与产业之间的联系,实现人才培养与产业需求的精准对接。课程团队与企业共同开发课程和制订人才培养方案,能够使培养出来的学生更好地适应企业的岗位需求,提高学生的就业竞争力。同时,协同创新还能够促进企业的技术创新和产业升级,为产业发展提供人才支持和技术保障,实现职业教育与产业的良性互动和共同发展。

二、协同创新现状与问题

(一) 校企合作深度不够

目前,部分高职院校与企业的合作仅停留在表面,缺乏实质性的深度融合。许多校企合作仅仅是企业接收学生实习、学校为企业提供人力资源等浅层次的合作,没有从根本上实现人才培养、课程开发、技术研发等方面的深度合作。某高职院校的机电一体化专业虽然与多家企业建立了合作关系,但在课程开发方面,企业参与度较低,课程内容仍然以传统的理论知识为主,与企业实际生产需求脱节。学生在实习过程中,也只是进行一些简单的重复性操作,无法真正接触到企业的核心技术和生产流程,实习效果不佳。

这种形式化的合作导致校企无法实现真正的互利共赢。对于企业来说,由于没有深度参与人才培养过程,无法获得符合自身需求的高素质技术技能人才,合作的积极性不高。对于学校来说,由于缺乏企业的支持和参与,课程内容和教学方法无法及时更新,教学质量难以提高,学生的就业竞争力也受到影响。此外,校企合作还存在合作机制不完善、合作稳定性差等问题。一些校企合作缺乏明确的合作目标和规划，合作过程中缺乏有效的沟通协调机制，导致合作难以持续深入开展。

(二)校际合作缺乏实质性进展

在资源共享方面，虽然一些高职院校之间建立了合作关系，但在实际操作中，资源共享的程度较低。一些院校担心共享优质课程资源会削弱自身的竞争力，因此不愿意将资源共享给其他院校。某地区的高职院校联盟，虽然提出了课程资源共享的目标，但由于缺乏有效的激励机制和管理措施，各院校之间的课程资源共享进展缓慢，很多优质课程资源仍然局限于本校使用，无法发挥更大的作用。

在课程共建方面，校际合作也面临诸多困难。不同院校的课程体系和教学标准存在差异，在课程共建过程中，需要协调各方利益，统一课程标准和教学要求，这需要耗费大量的时间和精力。同时，由于缺乏有效的合作平台和沟通机制，不同院校在课程共建过程中容易出现信息不对称、沟通不畅等问题，影响课程共建的质量和进度。例如，某几所高职院校计划共同开发一门新能源汽车技术课程，但在合作过程中，由于各院校对课程内容的侧重点和教学方法的理解不同，导致课程开发工作进展缓慢，最终未能收到预期的效果。

(三)团队内部协同不足

课程团队内部教师之间的沟通协作不够顺畅，影响了创新效果。在一些课程团队中，教师之间缺乏有效的沟通渠道和交流平台，各自为政，教学资源无法共享，教学经验无法交流。在某高职院校的计算机网络技术课程团队中，教师们在教学过程中各自使用自己的教学资料和教学方法，没有进行统一的教学设计和教学安排。这导致学生在学习过程中，知识体系不连贯，学习效果不佳。同时，由于教师之间缺乏沟通协作，在课程改革和教学研究方面也难以形成合力，无法有效地推动教学创新。

此外，团队内部还存在任务分工不合理、激励机制不完善等问题。一些课程团队在进行任务分工时，没有充分考虑教师的专业特长和教学能力，导致部分教师任务过重，而部分教师任务过轻，影响了教师的工作积极性。同时，由于缺乏有效的激励机制，教师参与团队创新活动的积极性不高，对团队的归属感和认同感不强。例如，某课程团队的教学改革项目虽然取得了一定的成果，但由于没有对参与项目的教师进行有效的激励和表彰，教师在后续的教学改革中积极性不高，团队的创新活力受到影响。

三、协同创新机制构建

(一)校企合作机制

建立校企合作平台是促进校企深度合作的重要基础。可以通过政府主导、行业协会参与、院校和企业共同建设的方式,搭建校企合作信息交流平台。该平台可以整合企业的人才需求信息、技术研发需求信息以及院校的专业设置信息、师资信息等,为校企双方提供一个便捷的沟通交流渠道。通过平台,企业可以发布人才招聘信息、技术难题和项目需求,院校可以发布专业介绍、科研成果和人才培养方案等,实现信息的快速传递和共享。例如,某地区政府搭建了职业教育校企合作信息平台,企业和院校可以在平台上实时发布和获取信息,大大提高了校企合作的效率。

共同开发课程是实现校企合作育人的关键环节。课程团队与企业应共同组建课程开发团队,根据企业的实际需求和岗位技能要求,制定课程标准和教学内容。企业技术人员可以将实际工作中的案例、项目和技术标准融入课程中,使课程内容更加贴近企业实际生产。同时,课程开发团队还应根据行业的发展动态和技术进步,及时更新课程内容,确保课程的时效性和实用性。例如,某高职院校与一家智能制造企业共同开发了"智能制造系统集成与应用"课程,企业技术人员参与课程的设计和教学,将企业的智能制造项目引入课堂,学生通过学习该课程,能够掌握智能制造系统的集成与应用技能,毕业后能够迅速适应企业的工作岗位。

共建实训基地是提高学生实践能力的重要保障。校企双方可以共同投资建设实训基地,企业提供先进的设备和技术支持,院校提供场地和管理服务。实训基地应按照企业的生产标准和工艺流程进行建设,为学生提供真实的生产环境和实践机会。学生在实训基地中,可以参与企业的实际生产项目,提高自己的实践操作能力和解决问题的能力。同时,实训基地还可以作为企业的员工培训基地和技术研发中心,实现校企双方的互利共赢。例如,某高职院校与一家汽车制造企业共建了汽车检测与维修实训基地,企业为实训基地提供了先进的汽车检测设备和维修工具,院校负责实训基地的日常管理和教学组织。学生在实训基地中,能够进行汽车故障诊断、维修保养等实际操作,毕业后能够直接进入企业工作。

(二)校际合作机制

不同院校之间开展教师互访是促进教师专业发展和教学经验交流的有效方式。各院校可以定期选派教师到其他院校进行交流学习,了解其他院校的教学理念、教学方法和课程建设经验。教师互访可以采取短期进修、观摩教学、学术讲座等形式,让教师在交流学习中拓宽视野,更新教学观念,提高教学能力。例如,某地区的高职院校之间建立了教师互访制度，每学期选派一定数量的教师到其他院校进行为期一周的交流学习。教师在互访过程中，通过观摩课堂教学、参加教学研讨活动等，学习到了其他院校的先进教学经验和方法，回校后将这些经验和方法应用到自己的教学中，取得了良好的教学效果。

课程共享是实现校际资源优化配置的重要举措。各院校可以将自己的优质课程资源进行整合，通过网络平台等向其他院校开放。其他院校的学生可以根据自己的兴趣和需求，选择选修这些课程，并获得相应的学分。课程共享不仅可以丰富学生的学习资源，拓宽学生的知识面，还可以促进各院校之间的教学交流和合作。例如，某高职院校联盟建立了课程共享平台，联盟内各院校将自己的精品课程上传到平台上，供其他院校的学生选修。学生通过选修这些课程，不仅学到了更多的知识和技能，还增强了自己的综合素质和竞争力。

联合科研是提升校际合作层次和水平的重要途径。各院校可以围绕共同感兴趣的研究领域和课题，组建联合科研团队，共同开展科研项目研究。联合科研可以整合各院校的科研资源和师资力量，形成科研合力，提高科研项目的研究水平和质量。同时，通过联合科研，还可以促进各院校之间的学术交流和合作，培养教师的科研能力和团队协作精神。例如，某几所高职院校联合开展了一项关于新能源汽车电池管理系统的科研项目，各院校的科研人员共同参与项目的研究和开发。在项目研究过程中，各院校的科研人员充分发挥自己的专业优势，相互协作，共同攻克了多个技术难题，最终取得了丰硕的科研成果。该科研成果不仅应用于企业的生产实践中，还为相关专业的课程教学提供了丰富的教学案例和素材。

(三) 团队内部协同机制

建立团队内部沟通协调机制是促进教师协同创新的重要保障。可以通过定期召开团队会议、建立工作群等方式，加强教师之间的沟通交流。团队会议可以每周或每月召开一次，会议内容包括教学工作汇报、教学问题讨论、教学计划制订等。通过团队会议，教师们可以及时了解团队的工作进展情况，交流教学经验和心得，共同解决教学中遇到的问题。工作群则可以作为教师之间日常沟通交流的平台，教师们可以在群里分享教学资源、交流教学想法、提出问题和建议等。例如，某高职院校的课程团队建立了微信工作群，教师们在群里随时交流教学中的问题和经验，分享教学资料和教学案例，大大提高了团队的沟通效率和协作能力。

合理的任务分工机制能够充分发挥教师的专业特长，提高团队的工作效率。在进行任务分工时，应根据教师的专业背景、教学能力和兴趣爱好等因素，合理分配教学任务和科研任务。对于核心课程的教学任务，应安排教学经验丰富、专业水平高的教师承担；对于实践教学任务，应安排具有企业实践经验的教师负责；对于科研项目，应根据教师的研究方向和科研能力，组建科研团队，明确各自的职责和任务。例如，某高职院校的电子商务课程团队在进行任务分工时，将"电子商务概论""网络营销"等核心课程的教学任务分配给具有丰富教学经验和专业知识的教师，将实践教学环节的指导任务分配给具有电商企业工作经验的教师，将科研项目的研究任务分配给具有相关研究方向科研能力的教师。通过合理的任务分工，教师们能够充分发挥自己的优势，提高了教学质量和科研水平。

激励机制是激发教师参与团队创新活动积极性的重要手段。可以建立教学成果奖励制度、科研成果奖励制度、团队贡献奖励制度等，对在教学改革、课程建设、科研创新等方面做出突出贡献的教师进行表彰和奖励。奖励可以包括物质奖励和精神奖励，物质奖励可以是奖金、奖品等，精神奖励可以是荣誉证书、表彰大会等。同时，还可以将教师的团队贡献纳入绩效考核和职称评定体系中，激励教师积极参与团队创新活动。例如，某高职院校的课程团队制定了教学成果奖励制度，对于在教学改革中取得显著成果的教师，给予一定的奖金和荣誉证书，并在绩效考核和职称评定中给予加分。通过激励机制的建立，教师们参与团队创新活动的积极性明显提高，团队的创新活力得到了有效激发。

第六章

课程团队建设的实施步骤[①]

第一节　筹备规划阶段

一、明确建设目标与任务

在筹备规划阶段，首要任务是明确课程团队建设的目标与任务。学校应组织专业教师、企业专家以及教育管理人员进行深入研讨，结合学校的发展定位、专业特色以及市场需求，制定出符合实际情况的建设目标。长期目标可设定为打造一支在省内乃至国内具有一定影响力的高水平课程团队，能够引领专业课程改革与发展，培养出适应行业需求的高素质技术技能人才。短期目标则可围绕课程建设、教学质量提升、教师专业发展等方面展开，如在一年内完成某门核心课程的教材编写和教学资源库建设，在两年内提升教师的教学能力和科研水平，使团队成员在教学竞赛和科研项目中取得一定成果。

明确具体任务也是至关重要的。课程团队需承担课程体系优化、教学内容更新、教学方法创新等任务。要根据行业发展动态和职业岗位需求，对现有课程体系进行全面梳理和优化，整合课程内容，避免课程之间的重复与脱节。同时，及时将行业新技术、新工艺、新规范融入教学内容，确保教学内容的时效性和实用性。在教学方法创新方面，要积极探索适合职业教育特点的教学方法，如项目教学法、案例教学法、小组合作学习法等，提高学生的学习兴趣和学习效果。

[①] 2024年度机械行业职业教育"产科教协同创新"课题，校企共建现代产业学院路径研究——以湖南工业职业技术学院为例(课题编号：JXHYZX2024021)

二、组建建设领导小组

为确保课程团队建设工作的顺利推进，需组建包括学校领导、专业负责人、骨干教师以及企业代表等在内的建设领导小组。学校领导在团队中发挥着统筹全局的关键作用，负责协调学校各部门之间的关系，为课程团队建设提供政策支持和资源保障。专业负责人凭借其深厚的专业知识和丰富的教学经验，能够准确把握专业发展方向，为课程团队建设提供专业指导。骨干教师则是团队建设的中坚力量，他们积极参与各项建设工作，发挥示范带头作用。企业代表作为行业的一线人员，了解企业的实际需求和行业发展趋势，能够为课程团队建设提供实践指导，使课程内容与企业实际需求紧密结合。

建设领导小组的主要职责包括制订课程团队建设的整体规划和实施方案，明确各成员的职责和分工，定期召开会议，研究解决建设过程中遇到的问题，对建设工作进行监督和评估，确保建设目标的顺利实现。在制订规划和方案时，领导小组要充分考虑学校的实际情况和发展需求，广泛征求各方意见，确保规划和方案的科学性和可行性。在监督和评估过程中，要建立科学合理的评估指标体系，定期对课程团队建设工作进行检查和评估，及时发现问题并提出改进措施。

三、制订详细建设方案

详细的建设方案是课程团队建设工作有序开展的重要保障。建设方案应包括团队组建计划、教师培训方案、校企合作策略等内容。在团队组建计划中，要明确团队成员的选拔标准和选拔方式，根据专业课程体系和教学任务的需求，选拔具有不同专业背景、教学经验和技能特长的教师加入课程团队。同时，要注重团队成员的年龄结构、职称结构和学历结构的合理性，形成老中青相结合、高职称与低职称相搭配、高学历与中等学历相补充的团队结构。

教师培训方案是提升教师素质和能力的重要举措。要根据教师的实际需求和发展规划，制订个性化的培训计划。培训内容应涵盖教学技能、专业知识、实践技能、教育教学理论等方面。可以通过校内培训、校外培训、企业实践锻炼、学术交流等多种方式，为教师提供丰富的学习机会。例如，定期组织教师参加教学方法培训，邀请教育专家来校讲学，选派教师到国内外知名高校或企业进行进修学习，鼓励教师参加学术会议和教学研讨会等。

校企合作策略是实现课程团队与企业深度融合的关键。要积极与行业企业建立紧密的合作关系，共同开展人才培养、课程开发、实训基地建设等工作。在人才培养方面，与企业共同制订人才培养方案，明确人才培养目标和规格，使人才培养更加符合企业需求。在课程开发方面，邀请企业专家参与课程设计和教材编写，将企业实际案例和项目融入课程内容，提高课程的实用性和针对性。在实训基地建设方面，与企业共建校内实训基地和校外实习基地，为学生提供真实的实践环境，提高学生的实践能力和职业素养。

第二节　团队组建与结构优化阶段

>>>

一、确定团队规模与成员构成

团队规模的确定需综合考虑专业课程体系的复杂程度、教学任务的繁重程度以及学校的师资力量等因素。一般来说，规模过小可能导致团队力量不足，无法满足教学和科研的需求；规模过大则可能出现沟通协调困难、工作效率低下等问题。对于一些专业课程较多、教学任务较重的专业，课程团队规模可适当扩大，以确保各项工作能够顺利开展。例如，在机械制造专业中，由于涉及机械设计、制造工艺、数控技术等多个领域的课程，团队规模可为 10~15 人。

在成员构成方面，应注重多元化。除了具备扎实专业知识和丰富教学经验的专职教师外，还应吸纳具有企业工作经验的兼职教师以及相关行业的专家。专职教师在教学过程中能够系统地传授专业知识，保证教学的规范性和稳定性；兼职教师则能将企业的实际工作经验和最新技术动态带入课堂，使教学内容更加贴近实际工作需求；行业专家可以从宏观层面为课程团队提供行业发展趋势和前沿技术的指导，参与课程体系的设计和评估，确保课程内容的前瞻性和实用性。通过不同背景成员的相互协作，能够实现知识和技能的优势互补，提高课程团队的整体实力。

二、选拔团队负责人

团队负责人在课程团队中起着核心引领作用，其职责涵盖了教学管理、团队建设、对外沟通等多个方面。在教学管理方面，要制订教学计划和教学大纲，组织教学研讨活动，监督教学质量，确保教学工作的顺利开展。在团队建设方面，要负责团队成员的选拔、培养和考核，营造良好的团队氛围，促进团队成员的专业发展。在对外沟通方面，要与学校各部门、企业以及其他相关机构保持密切联系，争取更多的资源和支持。

选拔团队负责人时，应明确严格的选拔标准。首先，团队负责人应具备扎实的专业知识和丰富的教学经验，在本专业领域具有较高的学术造诣，能够准确把握专业发展方向，为团队提供专业指导。其次，要具备较强的组织协调能力和团队管理能力，能够有效地组织团队成员开展各项工作，协调团队内部的关系，解决团队成员之间的矛盾和问题。此外，还应具有良好的沟通能力和创新意识，能够与外界进行有效的沟通和合作，积极探索创新教学方法和团队管理模式，推动课程团队的不断发展。

三、完善团队成员分工

根据团队成员的专业背景、技能特长和个人意愿，合理分配教学、科研、实践指导等任务，是实现团队协同合作的关键。在教学任务分配上，要充分考虑课程的性质和难度，将专业基础课、专业核心课和实践课程合理分配给不同的教师。例如，具有丰富理论知识的教师可承担专业基础课的教学任务，注重培养学生的理论基础；具有较强实践经验的教师则可负责实践课程的教学，指导学生进行实际操作，提高学生的实践能力。

在科研任务方面，鼓励团队成员结合专业教学和行业需求，开展相关的科研项目研究。可以根据成员的研究兴趣和特长，组建科研小组，共同开展课题研究。例如，在新能源汽车专业课程团队中，部分成员可专注于电池技术的研究，部分成员可研究电机控制技术，通过团队协作，提高科研效率和成果质量。

在实践指导方面，安排具有企业工作经验的教师和企业兼职教师共同指导学生的实习实训。企业兼职教师能够为学生提供真实的企业工作场景和实际操作经验，帮助学生更好地了解企业的工作流程和职业要求；校内教师则可从理论知识的角度对学生进行指导，帮助学生将实践与理论相结合，提高学生的实践能力和综合素质。通过明确的分工和紧密的协作，课程团队能够充分发挥每个成员的优势，提高团队的整体工作效率和质量。

第三节　教师素质提升阶段

一、组织培训与学习活动

为了提升教师的综合能力，课程团队应定期组织多样化的培训与学习活动。教学技能培训是提升教师教学水平的重要环节，通过邀请教育教学专家举办讲座、开展教学示范课观摩、组织教学技能比赛等方式，帮助教师掌握先进的教学方法和教学手段。例如，在教学方法培训中，专家可以详细介绍项目教学法、案例教学法、小组合作学习法等的实施步骤和注意事项，并通过实际案例分析和模拟教学，让教师亲身体验这些教学方法的应用效果，从而提高教师运用这些教学方法的能力。

专业知识培训则根据专业发展和课程教学的需求，邀请行业专家或高校学者进行专业知识讲座和培训。例如，在计算机网络专业中，随着网络技术的不断发展，新的网络协议、网络安全技术不断涌现，课程团队可以邀请相关领域的专家，为教师讲解最新的网络技术知识和应用案例，使教师能够及时更新自己的专业知识，将最新的技术内容融入教学中。

实践技能培训对于职业教育教师来说尤为重要。课程团队应积极与企业合作，为教师提供到企业实践锻炼的机会。教师可以在企业中参与实际项目的开发和实施，了解企业的生产流程和技术要求，提高自己的实践操作能力。例如，在机械制造专业中，教师可以到机械制造企业参与产品的设计、加工和装配等环节，通过实际操作，掌握先进的制造工艺和技术，为教学提供更丰富的实践案例。

二、鼓励教师参与教学改革与研究

积极支持教师开展教学方法创新、课程开发等研究，是提高教学水平的重要途径。在教学方法创新研究方面，鼓励教师结合课程特点和学生实际情况，探索适合职业教育的教学方法。例如，有的教师尝试将项目教学法应用于软件开发课程中，将课程内容分解为多个项目，让学生在完成项目的过程中学习和掌握软件开发的知识和技能。通过这种教学方法的创新，学生的学习积极性和主动性得到了极大提高，教学效果显著提升。

在课程开发研究中，教师根据行业需求和职业标准，对课程内容进行优化和整合，开发具有针对性和实用性的课程。例如，在物流管理专业中，教师结合当前物流行业的发展趋势，开发了物流大数据分析、智慧物流等新课程，丰富了课程体系，满足了学生的学习需求和行业对人才的需求。

此外，鼓励教师参与教学改革项目的申报和研究，通过项目研究，探索教学改革的新思路和新方法。学校可以设立教学改革专项基金，为教师提供资金支持，同时建立教学改革成果奖励机制，对在教学改革中取得突出成绩的教师给予表彰和奖励，激发教师参与教学改革和研究的积极性。

三、推动教师获取职业资格证书

职业资格证书是教师实践能力的重要体现，鼓励教师考取相关职业资格证书，有助于增强"双师型"教师比例，提高教师的实践教学能力。学校应制定相关政策，鼓励教师参加职业资格证书考试，并为教师提供必要的培训和支持。例如，学校可以组织教师参加职业资格证书考前培训辅导班，邀请专业培训机构的教师为教师进行辅导，提高教师的考试通过率。

同时，学校应与相关行业企业建立合作关系，为教师提供实践机会，帮助教师积累实践经验，满足职业资格证书考试的实践要求。例如，在会计专业中，学校可以与会计师事务所合作，安排教师到事务所进行实习，参与实际的会计业务处理，使教师在实践中掌握最新的会计法规和业务操作技能，为考取注册会计师等职业资格证书打下坚实的基础。

此外，对于获得职业资格证书的教师，学校在职称评定、绩效考核、评优评先等方面给予适当的倾斜，激励更多的教师积极考取职业资格证书，提升自己的实践能力和综合素质。

第四节 校企合作深化阶段

一、建立长期稳定合作关系

与行业企业建立紧密的长期稳定合作关系，是职业教育课程团队建设的关键环节。通过深入的市场调研和分析，全面了解行业的发展趋势、企业的人才需求以及技术创新方向，为合作提供有力依据。与多家具有行业代表性和影响力的企业进行洽谈，寻求合作的契合点，签订合作协议，明确双方的权利和义务。

在合作过程中，共同制订人才培养方案，确保培养目标与企业需求高度契合。企业参与课程体系的设计，根据实际工作岗位的技能要求和职业素养标准，对课程内容进行优化和调整，使课程更加贴近实际工作场景。例如，在电子信息工程专业中，企业根据自身的生产流程和技术需求，建议在课程中增加嵌入式系统开发、物联网技术应用等内容，课程团队及时采纳并进行课程内容的更新，培养出更符合企业需求的专业人才。

共同开发课程和实训项目也是合作的重要内容。企业提供实际项目案例和技术资料，与课程团队教师共同编写教材和实训指导书。例如，在软件开发专业，企业将实际的软件项目开发过程和案例融入教材中，使学生在学习过程中能够接触到真实的项目，提高学生的实践能力和解决实际问题的能力。同时，共建实训基地，企业提供设备、技术和场地支持，学校负责组织教学和管理，为学生提供良好的实践环境。

二、邀请企业专家参与教学

邀请企业专家参与课堂教学和实践指导，能够为学生带来实际案例和丰富的行业经验。企业专家根据课程教学进度和内容，定期走进课堂，为学生讲解行业的最新动态、实际工作中的技术应用和操作要点。例如，在市场营销专业中，企业营销经理结合市场推广项目，为学生详细介绍市场调研、营销策略制定、营销活动执行等环节的实际操作方法和技巧，让学生了解到真实的市场环境和营销工作流程。

在实践指导方面，企业专家深入学生的实习实训环节，对学生进行一对一的指导。他们根据自己的工作经验，指出学生在实践操作中存在的问题，并给予针对性的建议和指导。例如，在机械制造专业的实训中，企业技术人员指导学生正确操作机床设备，传授加工工艺的优化方法和质量控制要点，帮助学生提高实践技能和操作水平。

此外，企业专家还可以参与学生的毕业设计指导，结合企业实际项目和需求，为学生提供毕业设计课题，并在设计过程中给予全程指导。通过企业专家的参与，学生能够更好地将所学知识与实际工作相结合，提高毕业设计的质量和实用性，为毕业后顺利进入企业工作做好准备。

三、推动学生到企业实习

安排学生到企业实习是实现理论与实践结合的重要途径，能够有效提高学生的就业竞争力。学校与企业共同制订实习计划，明确实习的时间、内容、目标和考核标准。根据专业特点和学生的学习进度，合理安排实习时间，确保学生在掌握一定的理论知识后，能够及时到企业进行实践锻炼。例如，在酒店管理专业中，学生在完成基础课程和专业核心课程的学习后，安排到酒店进行为期半年的实习，实习内容涵盖酒店的各个部门，如前厅、客房、餐饮等，使学生全面了解酒店的运营管理流程。

在实习过程中，企业为学生提供真实的工作岗位和实践机会，让学生在实际工作中应用所学知识，提高实践能力。同时，企业为学生配备经验丰富的实习指导教师，对学生进行全程指导和管理。学校也安排教师定期到企业走访，了解学生的实习情况，与企业沟通协调，解决实习中出现的问题。

实习结束后，企业对学生的实习表现进行综合评价，评价结果作为学生实习成绩评定的重要依据。同时，学校和企业共同对实习工作进行总结和反思，不断改进实习管理和教学方法，提高实习效果。通过实习，学生不仅能够将理论知识与实践相结合，提高自己的专业技能和综合素质，还能够了解企业的文化和工作环境，增强就业意识和职业素养，提高就业竞争力。

第五节　教学模式创新阶段

一、探索新型教学模式

积极探索项目式、案例式、混合式等教学模式，是激发学生学习兴趣和创新能力的有效途径。项目式教学模式以实际项目为导向，将课程内容分解为若干个项目，让学生在完成项目的过程中学习和掌握知识与技能。例如，在计算机编程课程中,教师将软件开发项目分解为多个小项目,如用户界面设计、数据库设计、功能模块开发等,学生以小组为单位,分工协作完成各个项目,在项目实施过程中,学生不仅掌握了编程知识和技能,还提高了团队协作能力、问题解决能力和创新能力。

案例式教学模式通过引入实际案例,引导学生进行分析和讨论,培养学生的思维能力和实践能力。教师在教学过程中,选择具有代表性的实际案例,如企业的市场营销案例、工程建设案例等,让学生运用所学知识对案例进行分析和解决问题。在案例讨论过程中,学生各抒己见,相互启发,拓宽了思维视野,提高了分析问题和解决问题的能力。

混合式教学模式将线上教学与线下教学相结合,充分利用现代信息技术,为学生提供多样化的学习资源和学习方式。教师通过在线教学平台发布教学视频、课件、学习资料等,学生可以在课前进行自主学习,完成知识的初步掌握。在课堂教学中,教师针对学生在线学习中遇到的问题进行讲解和答疑,组织学生进行小组讨论、项目实践等活动,加强师生之间的互动和交流。课后,学生可以通过在线平台进行复习和巩固,提交作业和项目成果,教师及时进行评价和反馈。通过混合式教学模式,提高了教学效率和教学质量,满足了学生个性化学习的需求。

二、利用信息化手段开发教学资源

充分利用信息化手段开发教学资源,能够丰富教学内容,拓展学生的学习渠道。建设在线课程是利用信息化手段的重要举措,课程团队教师将课程内容制作成高质量的教学视频,上传到在线课程平台,供学生随时随地学习。

第三篇

岗课"零距离"的专业课程建设

第七章

课程建设的规划与设计[①]

第一节　课程建设规划的指导思想与目标

>>>

一、指导思想

以习近平新时代中国特色社会主义思想为指导，全面贯彻党的教育方针，落实立德树人根本任务。秉持"以学生为中心、以能力为本位、以就业为导向"的职业教育理念，紧密结合行业发展需求和技术变革趋势，遵循职业教育教学规律，深化产教融合、校企合作。

坚持理论与实践相结合，注重培养学生的实践能力和创新精神。加强课程思政建设，将思想政治教育元素有机融入专业课程教学，培养德技并修的高素质技术技能人才。以提升学生职业能力为核心，优化课程体系，创新教学方法与手段，加强师资队伍建设，完善教学评价机制，全面提高课程建设质量，为行业培养适应新时代发展需求的优秀人才。

二、总体目标

通过课程建设规划与实施，全面提升专业的课程教学质量和人才培养水平，使学生具备扎实的专业知识、熟练的实践技能和良好的职业素养，能够快速适应行业的工作岗位需求。

在课程体系方面，构建起与行业发展紧密对接、科学合理、动态更新的课程

① 本章获得 2022 年湖南省教育科学"十四五"规划课题"湖南省职业院校专业技能培养水平'查赛证'协同评价机制研究"（课题编号：XJK22QZY002）资助

体系，确保课程内容的先进性和实用性。教学方法上，实现从传统教学向以学生为中心的多元化教学方法的转变，充分激发学生的学习兴趣和主动性，提高学生的自主学习能力和创新思维能力。师资队伍建设方面，打造一支师德高尚、业务精湛、结构合理、专兼结合的高素质教师队伍，为课程教学提供有力的师资保障。通过一系列的建设措施，增强专业的社会认可度和竞争力，将专业建设成为国内领先的特色专业，为行业输送大量优秀的技术技能人才。

三、具体目标

课程体系建设目标：优化课程设置，构建以职业岗位能力为导向的模块化课程体系。整合传统课程内容，融入新能源汽车、智能网联汽车等前沿技术知识，确保课程内容与行业需求紧密结合。理论课程与实践课程比例达到合理水平，增加实践教学的比重，突出实践教学的重要性。建立课程动态更新机制，根据行业发展和技术进步，每年对课程内容进行至少 10% 的更新，确保课程内容的时效性。

教学方法与手段目标：推广项目教学法、案例教学法、情境教学法等行动导向教学方法，使 80% 以上的课程采用这些先进的教学方法。建设数字化教学资源平台，包括在线课程、虚拟仿真实验、教学视频等，实现优质教学资源的共享。学生通过数字化平台自主学习的时间每周不少于 2 小时，提高学生的自主学习能力。利用信息化教学手段，如多媒体教学、移动学习平台等，丰富教学形式，提高教学效果。在每门课程的教学过程中，信息化教学手段的应用不少于总课时的 30%。

师资队伍建设目标：培养和引进 10 名具有丰富行业经验和扎实专业知识的专业带头人，带动专业建设和课程改革。新增 5 名具有硕士及以上学历的教师，优化教师队伍的学历结构。选派 30 名教师到企业进行实践锻炼，每两年每位教师至少参加一次为期 3 个月的企业实践，提高教师的实践教学能力。聘请 20 名企业技术骨干和能工巧匠担任兼职教师，充实师资队伍，加强校企合作。兼职教师承担的教学任务占专业总教学任务的 20% 以上。

实践教学建设目标：建设 5 个校内实训基地，包括新能源汽车实训基地、智能网联汽车实训基地、汽车电子实训基地等，满足学生实践教学需求。实训设备总值达到 1000 万元以上，设备更新率每年不低于 10%。与 10 家以上知名汽车企业建立稳定的校外实习基地，为学生提供充足的实习岗位和实践机会。学生实习对口率达到 90% 以上，确保学生在实习过程中能够接触到行业前沿技术和实际工作场景。完善实践教学评价体系，从实践操作技能、项目完成情况、职业素养等多个维度对学生进行评价，提高实践教学质量。

课程评价与反馈目标：建立多元化的课程评价体系，包括学生自评、互评、教师评价、企业评价等。其中，过程性评价占课程总成绩的 60% 以上，注重对学生学习过程的评价。每学期开展一次课程教学质量评估，通过问卷调查、学生座谈会、教师教学反思等方式收集反馈信息。根据评估结果，及时调整课程教学内容和方法，改进课程建设中存在的问题，确保课程建设质量持续提升。

第二节 课程建设的理论基础与设计原则

一、职业教育课程建设的理论基础

(一)职业分析理论

职业分析是职业教育课程建设的起点。通过对特定职业岗位的详细分析，确定该职业所需的知识、技能和素养，从而为课程目标的设定和课程内容的选择提供依据。职业分析通常包括工作任务分析、工作过程分析和职业能力分析等环节。例如，在汽车维修专业课程建设中，通过对汽车维修岗位的工作任务和工作过程进行分析，确定学生需要掌握的汽车故障诊断、维修技术、工具使用等知识和技能，以及安全意识、团队协作等职业素养。

(二)能力本位教育理论

能力本位教育理论强调以学生的能力发展为核心，课程设计和教学实施都围绕学生能力的培养展开。在职业教育中，能力本位教育理论注重课程内容与职业能力要求紧密结合，通过实践教学和项目驱动的方式，培养学生的实际操作能力和解决问题的能力。例如，在烹饪专业课程中，采用能力本位教育理论，将课程内容设计为多个实际操作项目，如中式菜肴制作、西点烘焙等，学生通过完成这些项目，逐步掌握烹饪技能和创新能力。

(三)情境学习理论

情境学习理论认为，学习是在特定的情境中发生的，知识和技能的掌握需要在实际情境中进行。在职业教育课程建设中，情境学习理论强调课程内容应与实际工作情境紧密结合，通过模拟真实工作场景、开展项目式学习等方式，让学生在实践中学习和掌握知识技能。例如，在酒店管理专业课程中，通过模拟酒店前台接待、客房服务等实际工作场景，让学生在情境中学习服务规范和沟通技巧，提高学生的实际工作能力。

(四)多元智能理论

多元智能理论由霍华德·加德纳提出，认为人类智能是多元的，包括语言智能、逻辑数学智能、空间智能、音乐智能、身体运动智能、人际智能和内省智能等。在职业教育课程建设中，多元智能理论提醒教师要关注学生的多元智能发展，设计多样化的课程内容和教学方法，满足不同学生的学习需求。例如，在艺术设计专业课程中，除了传统的绘画、设计软件教学外，还可以增加手工制作、团队协作项目等，促进学生多元智能的发展。

二、职业教育课程设计的基本原则

(一) 产业适配性原则

产业适配性原则是指职业教育课程设计必须紧密围绕产业需求，确保课程内容与职业岗位的实际要求高度匹配。这一原则要求课程设计者深入了解产业发展的现状和趋势，分析职业岗位的核心技能和知识需求，并将这些需求转化为具体的课程目标和内容。职业教育课程设计必须紧跟产业发展的步伐，及时更新课程内容，以培养出适应市场需求的高素质技能型人才。例如，智能制造产业的兴起对机械制造专业提出了新的要求，课程设计需要融入智能制造技术、工业机器人编程等内容，以满足企业对新型技术人才的需求。

(二) 能力递进性原则

能力递进性原则是指职业教育课程设计应按照学生能力发展的规律，从基础到高级，逐步提升课程难度和要求。这一原则强调课程内容的层次性和系统性，确保学生在学习过程中能够循序渐进地掌握知识和技能。课程设计如果不遵循能力递进性原则，可能导致学生在学习过程中出现"吃不饱"或"跟不上"的情况，影响学习效果和教学质量。

(三) 教学做一体化原则

教学做一体化原则是指在职业教育课程设计中，将教学、学习和实践紧密结合，形成一个有机的整体。这一原则强调理论与实践的深度融合，通过"做中学""学中做"的方式，让学生在实践中掌握知识和技能。职业教育的核心是培养学生的实践能力，而传统的理论与实践分离的教学模式难以达到这一目标。教学做一体化原则能够有效解决这一问题，通过将理论知识融入实践项目中，让学生在实际操作中理解和掌握知识，提高学习效果和教学质量。

(四) 多元协同性原则

多元协同性原则是指职业教育课程设计应充分整合学校、企业、行业、社会等多方资源，形成协同育人的良好局面。这一原则强调职业教育是一个开放的系统，需要各方共同参与，共同为学生的成长和发展提供支持。通过多元协同，可以丰富课程内容，拓宽学生的学习渠道，提升学生的综合素质和就业竞争力。

第三节　课程体系的优化设计

一、基于岗位需求的课程设置

通过对汽车行业的深入调研,分析汽车专业岗位群的需求,确定了核心课程、专业基础课与拓展课程,以构建全面、系统的课程体系,满足学生职业发展的不同需求。

(一)核心课程

核心课程是汽车专业课程体系的核心,紧密围绕汽车行业的关键岗位需求设置。以汽车发动机维修课程为例,其设置依据是汽车发动机作为汽车的核心部件,维修技术是汽车维修人员必备的关键技能。课程目标在于使学生全面掌握汽车发动机的结构、工作原理,熟练运用各种工具和设备进行发动机的拆解、检测、维修和装配。通过实际操作和案例分析,培养学生解决发动机故障的能力,确保学生毕业后能够迅速胜任汽车发动机维修岗位的工作。

汽车电子技术课程同样是核心课程的重要组成部分。随着汽车智能化、电子化程度的不断提高,汽车电子技术在汽车领域的应用越来越广泛。该课程旨在让学生了解汽车电子系统的组成和工作原理,掌握汽车电子设备的检测与维修技术。通过学习,学生能够对汽车电子控制系统进行故障诊断和修复,满足汽车电子技术岗位对人才的需求。

(二)专业基础课

专业基础课为学生后续学习核心课程和拓展课程奠定坚实的基础。机械制图课程是汽车专业学生必须掌握的基础技能之一。通过学习机械制图,学生能够读懂和绘制汽车零部件的二维和三维图纸,理解机械零件的形状、尺寸和公差等信息。这对于学生在后续的汽车设计、制造和维修过程中,准确理解和表达设计意图,进行零部件的加工和装配具有重要意义。

电工电子技术课程也是专业基础课的关键课程。汽车中大量应用了电子设备和电气系统,如汽车照明系统、启动系统、电子控制系统等。电工电子技术课程教授学生电路基础、模拟电子技术和数字电子技术等知识,使学生具备分析和设计简单电路的能力,能够对汽车电气设备进行安装、调试和维修。这为学生学习汽车电子技术、汽车电气设备维修等核心课程提供了必要的知识支撑。

(三)拓展课程

拓展课程旨在拓宽学生的知识面,提升学生的综合素养,满足学生多样化的职业发展需求。新能源汽车技术课程作为拓展课程，紧跟汽车行业的发展趋势。随着环保意识的增强和能源危机的加剧，新能源汽车成为汽车行业的发展方向。该课程介绍新能源汽车的类型、结构、工作原理以及相关的技术标准和政策法规。通过学习，学生能够了解新能源汽车的发展现状和未来趋势，掌握新能源汽车的维修保养技术，为从事新能源汽车相关工作做好准备。

汽车营销课程也是拓展课程的重要内容。汽车营销涉及汽车销售、市场调研、客户关系管理等多个方面。该课程培养学生的市场营销意识和销售技巧，使学生了解汽车市场的需求和竞争态势，掌握汽车销售的流程和方法。通过学习，学生能够在汽车销售、汽车售后服务等领域发挥自己的专业优势，拓展职业发展空间。

二、课程内容的更新与整合

要想确保课程内容与行业发展紧密接轨，及时更新课程内容是关键。定期关注汽车行业的新技术、新工艺，如新能源汽车的电池管理系统升级、智能网联汽车的自动驾驶算法优化等，并将这些最新知识融入相关课程中。在新能源汽车技术课程中，增加对固态电池技术、氢燃料电池技术发展动态的介绍，使学生了解行业前沿技术。

跨学科知识的整合也至关重要。汽车专业涉及机械工程、电子技术、计算机科学等多个学科领域，因此，在课程内容设计上，必须打破学科界限，将不同学科的知识有机融合。在汽车智能网联技术课程中整合电子技术、通信技术和计算机编程知识，让学生能够全面掌握智能网联汽车的原理与应用。通过实际项目案例，引导学生运用多学科知识解决实际问题，培养学生的综合应用能力和创新思维。

三、实践课程体系构建

构建完善的实践课程体系是提高学生实践能力的重要保障。理实一体化课程将理论教学与实践操作紧密结合，在课堂上实现"做中学、学中做"。在汽车发动机维修理实一体化课程中，教师先讲解发动机的理论知识，然后学生在实训车间对发动机进行实际拆解、检测和维修，教师在旁进行指导。这种教学方式使学生能够更好地理解理论知识，提高实践操作技能。

校企合作实训是实践课程体系的重要组成部分。与知名汽车企业建立紧密合作关系，共建实训基地。学生在实训基地能够接触到企业的实际生产环境和先进设备，参与企业的实际项目。学校与某汽车制造企业合作，学生在企业实训期间参与汽车装配生产线的工作，学习企业的生产工艺和质量管理体系，提升职业素养和实践能力。

实习环节为学生提供了全面接触社会和行业的机会。安排学生到汽车4S店、汽车维修厂等企业进行实习，让学生在真实的工作岗位上锻炼。在实习过程中，学生能够了解企业的运营模式和工作流程，将所学知识应用到实际工作中，提高解决实际问题的能力。学校还会安排实习指导教师定期对学生进行指导和考核，确保实习效果。通过这些实践课程的有机结合，形成了一个完整的实践教学体系，全面提升学生的实践能力和就业竞争力。

第四节　课程建设实施与保障措施

一、实施步骤与进度安排

课程建设将分阶段逐步推进，确保各项任务有序落实。

在筹备阶段，组织专业教师团队开展深入的市场调研，了解行业的最新发展趋势和人才需求，明确课程建设的目标与方向。同时，组建课程建设专家指导委员会，邀请行业企业专家、教育教学专家参与，为课程建设提供专业指导。该阶段预计在3个月内完成。

在课程设计阶段，依据调研结果，对现有课程体系进行全面梳理和优化。组织教师团队进行课程大纲的修订、教材的编写以及教学资源的整合。开发适应产业发展需求的新课程，确保课程内容的先进性和实用性。此阶段计划在6个月内完成。

进入实施阶段，按照新的课程体系和教学方案开展教学活动。加强对教师的培训，确保教师熟练掌握新的教学方法和手段。建设和完善校内实训基地，购置先进的实训设备，为学生提供良好的实践教学环境。同时，积极拓展校外实习基地，与更多的企业建立合作关系，为学生提供充足的实习机会。该阶段将持续1~2年。

在评估与改进阶段，建立完善的课程评价体系，定期对课程教学质量进行评估。通过学生评教、同行互评、企业评价等多种方式，收集反馈信息，及时发现课程建设中存在的问题，并进行有针对性的改进。每年对课程内容进行至少10%的更新，确保课程始终与行业发展保持同步。

二、组织与管理机制

成立由学校领导、教务处、二级学院负责人、企业专家组成的课程建设领导小组，全面负责课程建设的规划、决策和指导工作。制定课程建设管理办法，明确各部门和人员的职责分工，确保课程建设工作顺利开展。

教务处负责课程建设的组织协调和日常管理工作，包括课程申报、审核、检查、评估等。二级学院作为课程建设的主体，负责具体实施课程建设方案，组织教师开展教学改革和研究工作，加强对课程教学过程的管理和监督。

建立课程负责人制度，每门课程确定一名课程负责人，负责课程的整体设计、教学团队组建、教学资源建设、教学质量监控等工作。课程负责人定期向二级学院和教务处汇报课程建设进展情况，接受学校和企业的监督和评估。

三、经费保障与使用规划

课程建设经费主要来源于学校财政拨款、企业资助、社会捐赠等渠道。学校设立课程建设专项经费，用于支持课程体系改革、教材建设、师资培训、实践教学基地建设等方面。积极争取企业的支持，与企业合作开展课程建设项目，企业为课程建设提供设备、资金、技术等方面的支持。鼓励社会各界对课程建设进行捐赠，拓宽经费来源渠道。

经费使用将严格按照预算执行，确保专款专用。在师资培训方面，安排不少于30%的经费用于教师参加国内外学术交流、企业实践锻炼、专业技能培训等活动，提高教师的教学水平和专业素养。在资源建设方面，投入不少于40%的经费用于教材编写、教学课件制作、数字化教学资源开发、实训设备购置等，为课程教学提供优质的资源保障。其余经费将用于课程建设的日常管理、教学研究、成果奖励等方面，确保课程建设工作的顺利进行。同时，建立经费使用的监督和审计机制，定期对经费使用情况进行检查和审计，确保经费使用的合理性和效益性。

第八章

课程内容重构①

① 本章获得 2024 年湖南工业职业技术学院校级课题"先进制造业新质'金课'建设研究与实践"（课题编号：GYKYCG202404）资助

第一节　课程内容重构的意义 >>>

一、契合产业发展需求，提升人才培养质量

(一) 精准对接产业前沿技术

产业的快速发展带来了新技术、新工艺的不断涌现，这些新技术往往对从业人员提出了新的技能要求。通过课程内容重构，可以将产业前沿技术及时纳入课程体系，使学生在校期间就能接触到最新的行业知识和技术应用。例如，在信息技术领域，随着大数据、人工智能、云计算等技术的广泛应用，重构后的课程可以增设相关模块，如大数据分析与应用、人工智能基础与实践、云计算技术与服务等，让学生掌握这些关键技术，毕业后能够迅速适应产业发展的需求，成为企业急需的技术技能人才。

(二) 培养适应产业转型的复合型人才

产业转型升级往往需要从业人员具备跨领域的知识和技能。课程内容重构能够打破传统学科界限，整合不同领域的课程内容，培养学生的综合素养和跨专业能力。以智能制造产业为例，该产业融合了机械制造、自动化控制、信息技术等多个领域，重构后的课程可以设置机械设计与制造、自动化控制系统、工业机器人应用、智能制造信息系统等模块，学生在学习过程中不仅掌握机械加工技术，

还了解自动化控制原理和信息技术应用，成为能够在智能制造生产线上进行设备操作、系统维护和生产管理的复合型人才。

（三）促进职业教育与产业深度融合

课程内容重构是实现职业教育与产业深度融合的重要途径。通过与企业深度合作，共同开发课程内容，使课程更加贴近企业的实际生产流程和岗位需求。企业可以参与到课程设计、教材编写、教学实施等环节，提供真实的生产案例、技术资料和实训设备，使学生在学习过程中能够体验真实的工作场景，增强实践能力。这种深度融合不仅提高了人才培养的针对性和有效性，还促进了学校与企业之间的资源共享和优势互补，为产业发展提供了有力的人才支撑。

二、满足岗位需求，提高学生就业竞争力

（一）增强岗位适应能力

课程内容重构能够根据岗位需求的变化，灵活调整课程内容，使学生所学知识和技能与岗位要求高度契合。通过对典型岗位的工作任务进行分析，将岗位所需的核心技能和知识分解为不同的课程模块，学生在学习过程中能够明确每个模块对应的具体岗位任务，有针对性地提升自己的岗位适应能力。例如，在酒店管理专业，重构后的课程可以设置前台接待服务、客房清洁与维护、餐饮服务与管理等模块，学生在学习这些模块时，能够掌握前台接待礼仪、客房清洁标准、餐饮服务流程等关键技能，毕业后能够快速适应酒店各个岗位的工作。

（二）提升岗位核心竞争力

岗位核心竞争力是指在特定岗位上能够为企业创造更大价值的关键能力和素质。课程内容重构注重培养学生的岗位核心能力，如创新思维、问题解决能力、团队协作能力等。在教学过程中，通过项目教学、案例分析、团队合作等方式，激发学生的创新意识和实践能力，使学生在面对岗位中的复杂问题时，能够提出创新的解决方案，提高工作效率和质量。例如，在市场营销专业，重构后的课程可以设置市场调研与分析、营销策划与执行、客户关系管理等模块，学生学习这些模块后，不仅能够掌握市场营销理论知识，还能够通过实际项目锻炼自己的市场分析能力和营销策划能力，成为具备岗位核心竞争力的营销人才。

（三）拓展职业发展空间

课程内容重构不仅关注学生的当前岗位需求，还考虑其职业发展的长远需求。通过设置拓展性课程模块，为学生提供更广阔的知识领域和技能储备，使学生具备在职业生涯中不断学习和发展的能力。例如，在建筑工程技术专业，除了设置建筑施工技术、建筑结构设计等核心课程模块外，还可以设置建筑项目管

理、建筑信息化技术(BIM)等拓展模块,学生在掌握基本的建筑施工和设计技能后,还可以学习项目管理和信息化技术,为将来从事建筑项目管理或参与建筑信息化建设奠定基础,拓展自己的职业发展空间。

第二节　课程内容重构的依据

职业教育专业课程内容重构是一项系统性工程,其依据是多方面的,涵盖了产业发展趋势、职业岗位需求、技能竞赛和职业技能等级证书、国家政策导向等多个维度,这些依据共同构成了职业教育专业课程内容重构的坚实基础,确保重构后的课程内容能够精准对接职业岗位需求,紧跟产业发展步伐,满足学生全面发展需求,推动职业教育高质量发展。

一、产业发展趋势

(一)产业转型升级催生新岗位与新技能需求

在新一轮科技革命和产业变革的浪潮下,传统产业不断转型升级,新兴产业蓬勃兴起。例如,随着智能制造的推进,传统的制造业岗位发生了巨大变化,许多重复性、低技能的工作被自动化设备取代,而对具备数据分析、设备维护、智能系统管理等新技能的人才需求激增。这要求职业教育课程内容必须紧跟产业发展的步伐,及时更新,将新产业、新技术、新工艺、新标准纳入课程体系,培养学生的创新能力和适应新岗位的能力。

(二)区域经济发展特点决定课程内容的地域性差异

不同地区的经济发展特点和产业结构不同,对人才的需求也存在差异。如东部沿海地区经济发达,高新技术产业和现代服务业较为集中,对高端技术技能人才和复合型人才的需求较大;而中西部地区则更注重发展特色农业、旅游业和资源型产业,对相关领域的专业人才需求更为迫切。因此,职业教育课程内容重构要充分考虑区域经济发展特点,因地制宜地设置课程,满足区域产业发展的实际需求,为地方经济发展培养适用人才。

(三)产业对人才综合素质要求提高

现代产业发展越来越注重人才的综合素质,不仅要求具备专业技能,还要求具备良好的沟通能力、团队协作能力、创新思维、职业道德等。这促使职业教育课程内容重构时,要注重培养学生的全面发展,将综合素质教育融入课程体系,通过案例教学、项目教学、团队合作等方式,提高学生的综合素质,使其更好地适应产业发展的需求。

二、职业岗位需求

(一)岗位核心能力要求

职业岗位对从业人员的核心能力有着明确的要求,这些核心能力是完成岗位工作任务的关键。课程内容重构必须以岗位核心能力为依据,确保学生在校期间能够掌握这些关键能力。例如,在机械加工岗位,核心能力可能包括机械加工工艺制定、数控机床操作与编程、机械加工质量控制等,课程内容需要围绕这些核心能力进行设置,通过理论教学与实践操作相结合的方式,使学生能够熟练掌握相关技能。

(二)岗位任务与工作过程

不同职业岗位有着不同的工作任务和工作过程,这些任务和过程决定了岗位所需的具体知识和技能。课程内容重构要深入分析岗位的典型工作任务和工作过程,将这些任务和过程转化为课程内容,使学生的学习过程与实际工作过程相匹配。例如,在酒店服务岗位,工作过程包括迎宾、客房服务、餐饮服务等,课程内容可以设置为"酒店前厅服务""客房清洁与布置""餐饮服务与管理"等模块,每个模块对应不同的工作任务,学生在学习过程中能够体验到真实的工作场景。

(三)岗位职业标准

职业标准是对从业人员在职业活动中应具备的知识、技能和职业素养等方面的要求,是课程内容重构的重要依据。课程内容需要与职业标准相对接,确保学生达到职业标准的要求。例如,国家职业技能标准中对"电子商务师"这一职业有明确的知识和技能要求,课程内容就要围绕这些要求进行设置,包括电子商务基础知识、网络营销、电子商务运营与管理等,使学生毕业后能够顺利获得相应的职业资格证书。

三、职业技能竞赛和职业技能等级证书

(一)职业技能竞赛

职业技能竞赛是衡量学生职业技能水平的重要方式,同时也是职业教育课程内容重构的重要依据。在重构过程中,技能竞赛的要求和标准被融入到课程内容中,以确保学生能够掌握与实际工作岗位紧密相关的核心知识和技能。

基于真实项目重构课程模块:根据技能竞赛的要求,选取与工作岗位紧密相关的项目作为教学内容的基础,重构专业核心课程的模块。这些项目不仅涵盖了本专业所需的核心知识和技能,还能反映行业的最新发展趋势。

设计递进式学习任务：围绕技能竞赛的要求，设置具有逻辑关系的教学项目。这些项目之间由易到难、由简单到复杂，逐步提升学生的知识水平和技能水平。这种设计思路不仅增强了教学内容的逻辑性，也符合学生的认知规律。

强化实践操作能力：技能竞赛强调实践操作和动手能力。因此，在重构课程内容时，需要增加实验、实训等实践教学环节，以提升学生的实践操作能力。

(二)职业技能等级证书

职业技能等级证书是依据国家职业标准，对劳动者的职业技能水平进行科学规范客观公正的评价与鉴定，对合格者授予相应的国家职业资格证书。这一证书体系明确了不同等级的职业技能要求，为职业教育课程内容重构提供了明确的教学目标和要求。通过对照职业技能等级证书的标准，高职院校可以更加精准地确定教学内容的深度和广度，确保学生掌握符合行业需求的职业技能。

对照职业标准，梳理教学内容：高职院校应对照职业技能等级证书的标准，对原有教学内容进行全面梳理。明确哪些内容符合职业标准要求，哪些内容需要补充或调整。通过这一步骤，可以确保教学内容与职业技能等级证书的要求保持一致。

引入行业案例，增强教学实践性：在重构课程内容时，可以引入行业内的典型案例和实际问题。这些案例和问题能够反映职业技能的实际应用情况，有助于学生更好地理解和掌握职业技能。同时，通过案例分析和问题解决，可以提升学生的实践能力和创新思维。

加强校企合作，共建课程体系：高职院校可以与企业合作，共同开发课程体系。企业可以根据自身的需求和经验，为高职院校提供宝贵的建议和意见。通过校企合作，可以确保课程体系更加贴近市场需求，提升学生的就业竞争力。

四、国家政策导向

(一)职业教育改革政策

国家出台了一系列职业教育改革政策，为职业教育专业课程内容重构提供了政策依据。例如，《国家职业教育改革实施方案》提出要深化产教融合、校企合作，推动职业教育与产业发展紧密结合，这要求课程内容重构更加注重与产业的对接，培养适应产业发展需求的人才。《教育部关于高职院校专业人才培养方案制订与实施工作的指导意见》中也强调要规范课程设置，突出职业教育的类型特点，深化产教融合、校企合作。

(二)人才培养目标要求

国家对职业教育人才培养目标有明确的要求，强调要培养高素质技术技能人才。课程内容重构要围绕这一目标，确保学生能够掌握扎实的专业知识和技能，具备良好的职业素养和创新能力。例如，在机械设计与制造专业，课程内容不仅要涵盖机械设计、机械制造等专业知识，还要注重培养学生的创新设计能力、工艺优化能力等，使学生成为能够适应现代制造业发展需求的高素质技术技能人才。

(三)教育质量提升要求

国家高度重视职业教育质量的提升，要求高职院校不断提高教育教学质量。课程内容重构是提高职业教育质量的重要途径之一，通过优化课程内容，提高课程的针对性和实用性，使学生能够更好地掌握知识和技能，提高其就业竞争力和职业发展潜力。

第三节　课程内容重构的方法

一、模块化设计

模块化设计是指将课程内容按照一定的逻辑关系划分为若干个相对独立的模块，每个模块包含一组相关的知识点和技能点，形成一个完整的教学单元。模块化设计是职业教育专业课程内容重构的重要方法之一，具有灵活性、可组合性和可扩展性等优势，能够满足不同岗位、不同层次人才的需求。通过模块化设计，可以将复杂的任务、项目或系统进行逐级分解，从而变复杂为直观和简化。在重构课程内容时，可以根据岗位需求和职业技能要求，将教学内容划分为不同的模块，每个模块对应一个具体的技能或知识点。通过模块化设计，使教学内容更加系统、有序，便于学生掌握和应用。

模块化设计的实施步骤：

(1)岗位分析与模块划分。

首先，要深入企业进行岗位调研，了解不同岗位的工作任务、所需的知识和技能，以及岗位之间的关联性。在此基础上，根据岗位需求将课程内容划分为若干个模块，如基础模块、核心模块、拓展模块等。基础模块包括岗位群通用的知识和技能，核心模块涵盖岗位核心能力的培养，拓展模块则针对岗位的进一步发展和学生的个性化需求。

(2)模块内容开发。

针对每个模块，开发相应的教学内容和教学资源。教学内容要紧密结合实际工作案例，突出实践性和应用性。可以引入企业的实际项目、工作场景和生产流程等内容,使学生在学习过程中能够体验真实的工作环境。同时,要注重教学资源的多样化,包括教材、课件、视频、实训设备等,以满足不同模块的教学需求。

(3)模块教学实施。

在教学过程中,要根据模块的特点和学生的学习情况,采用合适的教学方法和教学模式。对于理论性较强的模块,可以采用讲授法、案例教学法等;对于实践性较强的模块,可以采用项目教学法、任务驱动法、工学结合等模式。同时,要注重教学过程的互动性和参与性,鼓励学生主动参与学习,提高学习效果。

(4)模块评价与改进。

建立科学合理的模块评价体系,对学生在每个模块中的学习成果进行评价。评价方式可以包括过程性评价和结果性评价相结合,注重对学生职业能力的形成过程的评价。根据评价结果,及时对模块内容和教学方法进行调整和改进,以不断提高课程质量和教学效果。

二、项目式学习

项目式学习(project-based learning,PBL)作为一种以学生为中心的教学方法,近年来在职业教育领域得到了广泛的关注和应用。这种方法强调实践、创新和团队合作,通过让学生在真实或模拟的情境中围绕一个具体的项目进行探究、实践和解决问题,从而达到学习知识和技能的目的。项目式学习是职业教育专业课程内容重构的一种重要方法。在重构课程内容时,可以引入项目式学习的方法,将教学内容与具体项目相结合,使学生在实践中掌握知识和技能。通过项目式学习,不仅可以提升学生的实践能力和创新能力,还可以培养他们的团队协作精神和解决问题的能力。

项目式学习的实施步骤:

(1)确定项目主题。

项目主题应具有真实性、趣味性和挑战性,能够激发学生的兴趣。同时,项目主题应与教学内容和目标紧密结合,确保学习效果。例如,在汽车维修专业中,可以选择"提高发动机燃油效率"作为项目主题。

(2)设计项目方案。

在项目方案设计阶段,教师需要明确项目目标、实施步骤、评价标准等。同时,教师还需为学生提供必要的指导和资源,以确保项目的顺利进行。例如,为汽车维修专业的学生提供相关的技术手册和工具。

(3)分组合作。

根据项目需求,将学生分成若干小组,每组选定一名组长。组长负责组织协调小组内部的工作,确保项目按计划推进。在汽车维修专业中,小组可以分工合作,分别负责发动机拆解、检测、维修和组装等环节。

（4）项目实施。

学生在小组内分工合作，按照项目方案进行实施。在这个过程中，教师需要密切关注学生的进展，提供必要的指导和支持。例如，在汽车维修项目中，教师可以定期检查学生的工作进度，提供技术上的帮助和建议。

（5）项目展示与评价。

项目完成后，各小组进行成果展示。评价方式可以采用自评、互评和教师评价相结合的形式，全面评估学生在项目中的表现。例如，在汽车维修项目中，可以通过维修后的发动机性能、燃油效率等指标来评估项目的成果。

三、情境化教学

情境化教学是指在教学过程中，教师根据教学内容和目标，创设具有真实感或模拟真实环境的教学情境，让学生在这种情境中进行学习、探究和实践，以达到理解和掌握知识的目的。情境化教学也是职业教育专业课程内容重构的一种有效方法。在重构课程内容时，可以引入情境化教学的方法，通过模拟真实的工作场景或情境，使学生在情境中掌握相关技能和知识。通过情境化教学，不仅可以提升学生的实践能力和职业素养，还可以增强他们的学习兴趣和积极性。

情境化教学的实施步骤：

（1）明确教学目标与内容。

首先，教师需要明确情境化教学的目标，这通常与专业课程的教学大纲紧密相关。目标应具体、可衡量，并聚焦于学生需要掌握的关键技能和知识。同时，根据教学目标，精选教学内容，确保情境设计能够涵盖这些核心知识点和技能点。

（2）设计情境场景。

设计情境是情境化教学的核心。教师应根据教学内容和目标，构思并设计一个或多个与真实工作或生活场景高度相似的情境。这些情境可以是物理环境（如实验室、模拟车间），也可以是虚拟环境（如在线模拟软件、虚拟现实场景）。设计时需考虑情境的真实性、复杂性和互动性，以激发学生的学习兴趣和参与度。

（3）准备教学材料与工具。

根据设计的情境，准备相应的教学材料和工具。这可能包括实物模型、教学软件、角色扮演服装、实验器材等。确保这些材料和工具能够支持情境的有效实施，并帮助学生更好地理解和掌握知识。

（4）制订教学活动流程。

明确情境化教学活动的流程，包括导入、探究、实践、反馈和总结等环节。导入阶段用于激发学生的学习兴趣和背景知识；探究阶段引导学生主动探索情境中的问题；实践阶段让学生在情境中动手操作，体验知识应用；反馈阶段提供及时的指导和评价；总结阶段则帮助学生巩固所学，提炼经验。

（5）实施情境教学活动。

按照预定的流程，教师引导学生进入情境，开始教学活动。在这一阶段，教师需密切关注学生的参与度和表现，适时调整教学策略，确保每位学生都能从情境中获得学习机会。同时，鼓励学生之间的互动与合作，培养他们的团队协作和沟通能力。

（6）观察与记录。

在实施过程中，教师应详细记录学生的表现，包括他们在情境中的行为、反应、解决问题的能力等。这些信息对于后续的评价和反馈至关重要。同时，观察学生的非言语行为，如表情、肢体语言等，以更全面地了解他们的学习状态。

（7）评价与反馈。

情境化教学结束后，及时进行评价和反馈。评价应基于预设的教学目标，关注学生的知识掌握、技能提升、情感态度等方面的变化。反馈应具体、有建设性，旨在帮助学生认识到自己的优点和不足，并提出改进建议。同时，鼓励学生自我反思，培养他们的批判性思维和自主学习能力。

第四节　课程内容重构典型案例

>>>

一、"汽车发动机构造与维修"——对接1+X证书标准，重构模块化课程

依据国家专业教学标准、专业人才培养方案要求，对接"1+X汽维证书"标准，专业教学团队参考国家规划教材，选取汽车机电维修岗位工作任务为载体，对标"1+X汽维证书"标准，重构基于工作过程要求的岗位职业核心能力模块课程。根据学生学习规律，校企共同开发了3本新形态一体化教材。教学团队选取其中的模块三，该模块包含4个学习项目、8个工作任务，融入"1+X汽维证书"动力与驱动系统综合分析技术模块职业技能7项，共16学时，如图8-1所示。

二、"逆向工程技术"——构建职业技能矩阵，重构模块化教学内容

教学团队对区域内汽车、机械、航空和医疗等14家标杆单位进行调研，获得职业技能和职业素养清单。调研发现：不同行业的逆向工程技能需求和评价标准存在显著差异，现有课程很难满足多元化技术技能人才培养需求。以技能难度等级为横坐标，以学校重点专业群为纵坐标，将职业技能清单转换为职业技能矩阵，如图8-2-(a)所示；从高职院校技能竞赛赛题和企业横向课题中筛选典型项目作为不同专业群、不同技能等级的教学载体，重构模块化课程内容，如图8-2-(b)所示。

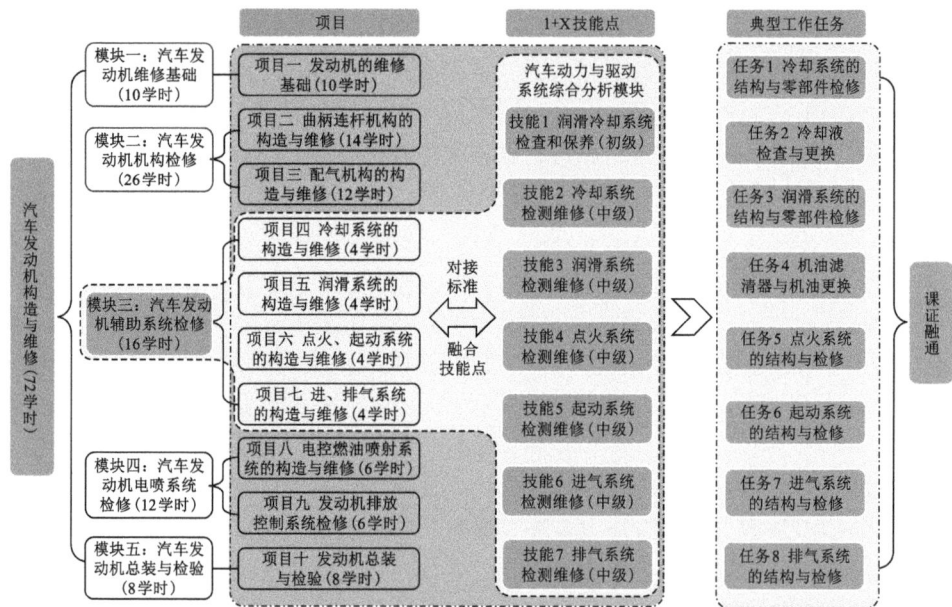

图 8-1　重构模块化课程结构

其中，初级项目适用于三个专业群的基本技能教学需求，具备普适性；中级项目在不同专业群中的技能侧重点和评价标准不同，具备差异性；高级项目强调复合技能和创新能力的培养，具备综合性。

依托增材制造技术专业，教学团队选择膝关节植入器和汽车白车身两个项目，共16学时，如图 8-3 所示。

三、"汽车检测与故障诊断"——检修互嵌，诊因断果、表里渐进，融"精工三线"重构课程

"汽车检测与故障诊断"是汽车检测与维修技术专业核心课程，严格按照专业人才培养方案和课程标准，参照由团队教师联合企业开发的地方标准《机动车检测站管理和服务标准》，结合汽车维修岗位功能分区，将课程解构为外检、安检、环检 3 大车检流程和发动机、底盘、电气、电控 4 大维修区块。根据 I/M 制度和联合体企业"检修一体"人才需求，以检测 I 站汽车检验员年检外检→环检→安检工作流程为主线，嵌入维修 M 站显影两类维修典型工作任务，融入相关赛、证标准，构建 4 个学习模块。内容为模块二：汽车环保检验与发动机故障诊断。遵循 I→M 的先检后修根本规律，结合检测得结论→检修表征故障→检修深层故障的常规流程序化 8 个学习任务，如图 8-4 所示。

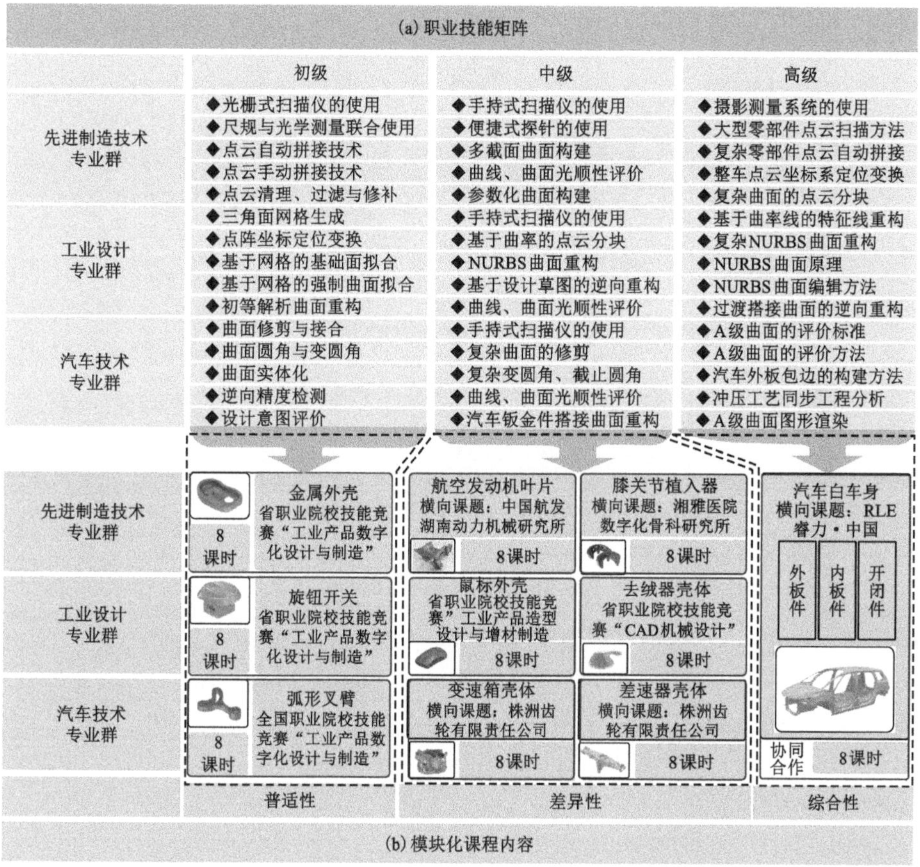

(a) 职业技能矩阵

	初级	中级	高级
先进制造技术专业群	◆光栅式扫描仪的使用 ◆尺规与光学测量联合使用 ◆点云自动拼接技术 ◆点云手动拼接技术 ◆点云清理、过滤与修补	◆手持式扫描仪的使用 ◆便捷式探针的使用 ◆多截面曲面构建 ◆曲线、曲面光顺性评价 ◆参数化曲面构建	◆摄影测量系统的使用 ◆大型零部件点云扫描方法 ◆复杂零部件点云自动拼接 ◆整车点云坐标系定位变换 ◆复杂曲面的点云分块
工业设计专业群	◆三角面网格生成 ◆点坐标定位变换 ◆基于网格的基础面拟合 ◆基于网格的强制曲面拟合 ◆初等解析曲面重构	◆手持式扫描仪的使用 ◆基于曲率的点云分块 ◆NURBS曲面重构 ◆基于设计草图的逆向重构 ◆曲线、曲面光顺性评价	◆基于曲率线的特征线重构 ◆复杂NURBS曲面重构 ◆NURBS曲面原理 ◆NURBS曲面编辑方法 ◆过渡连接曲面的逆向重构
汽车技术专业群	◆曲面修剪与接合 ◆曲面圆角与变圆角 ◆曲面实体化 ◆逆向精度检测 ◆设计意图评价	◆手持式扫描仪的使用 ◆复杂曲面的修剪 ◆复杂变圆角、截止圆角 ◆曲线、曲面光顺性评价 ◆汽车钣金件搭接曲面重构	◆A级曲面的评价方法 ◆A级曲面的评价方法 ◆汽车外板包边的构建方法 ◆冲压工艺同步工程分析 ◆A级曲面图形渲染

先进制造技术专业群	金属外壳 省职业院校技能竞赛"工业产品数字化设计与制造" 8课时	航空发动机叶片 横向课题：中国航发湖南动力机械研究所 8课时	膝关节植入器 横向课题：湘雅医院数字化骨科研究所 8课时	汽车白车身 横向课题：RLE睿力·中国 外板件 内板件 开闭件
工业设计专业群	旋钮开关 省职业院校技能竞赛"工业产品数字化设计与制造" 8课时	鼠标外壳 省职业院校技能竞赛"工业产品造型设计与增材制造" 8课时	去线器壳体 省职业院校技能竞赛"CAD机械设计" 8课时	
汽车技术专业群	弧形叉臂 全国职业院校技能竞赛"工业产品数字化设计与制造" 8课时	变速箱壳体 横向课题：株洲齿轮有限责任公司 8课时	差速器壳体 横向课题：株洲齿轮有限责任公司 8课时	协同合作 8课时
	普适性	差异性		综合性

(b) 模块化课程内容

图 8-2　基于职业技能矩阵重构模块化课程内容

四、"工业园区新能源物流车故障诊断与排除"——"多车轮载、显隐轮驱、三能轮练"重构课程

通过深度调研企业需求，依据专业教学标准、人才培养方案及课程标准，结合新能源物流车机电维修岗位核心能力要求，融入汽车故障检修赛项规程和《智能新能源汽车职业技能等级证书标准(中级)》，根据新能源物流车控制路径重构课程内容，"多车轮载、显隐轮驱、三能轮练"，教学团队重序4个教学模块，20个工学任务，3个科创任务，如图8-5所示。"多车轮载"指根据园区需求，电动仓储车、电动牵引车、电动叉车、电动货车4种车辆轮换作为任务载体；"显隐轮驱"指由显线工学任务和隐线科创任务轮流驱动；"三能轮练"指"能诊断、能修复、能改进"轮番练习。

项目	工序	典型工作任务	技能点
初级 项目一：金属盖板 项目二：旋钮开关 项目三：弧形叉臂	扫描 2课时	任务一 上软骨点云扫描	手持式扫描仪使用
		任务二 垫片点云扫描	复杂边界的点云提取
	建模 4课时	任务三 点云前处理	NURBS曲线构建
		任务四 上软骨逆向建模	复杂边界的逆向重构
中级 项目四：航空发动机叶片	评价 1课时	任务五 垫片逆向建模	NURBS曲线参数化建模
		任务六 参数化建模	Excel表参数驱动
项目五：膝关节植入器	拓新 1课时	任务七 质量评价	逆向模型质量评价
		任务八 轻量化设计	变密度点阵填充设计
高级 项目六：汽车白车身	扫描 2课时	任务一 汽车白车身扫描	全局摄影测量系统
		任务二 点云前处理	开闭件点云扫描
	建模 4课时	任务三 复杂曲面分块	基础面重构与修剪
		任务四 NURBS曲面构建	变圆角与截止圆角
	评价 1课时	任务五 过渡搭接曲面构建	基于曲率进行精准点云分块
		任务六 汽车外板包边构建	NURBS曲面构建
	拓新 1课时	任务七 质量评价	A级曲面评价方法
		任务八 冲压工艺同步工程	冲压工艺同步工程分析

（左侧纵向：逆向工程技术（48学时））

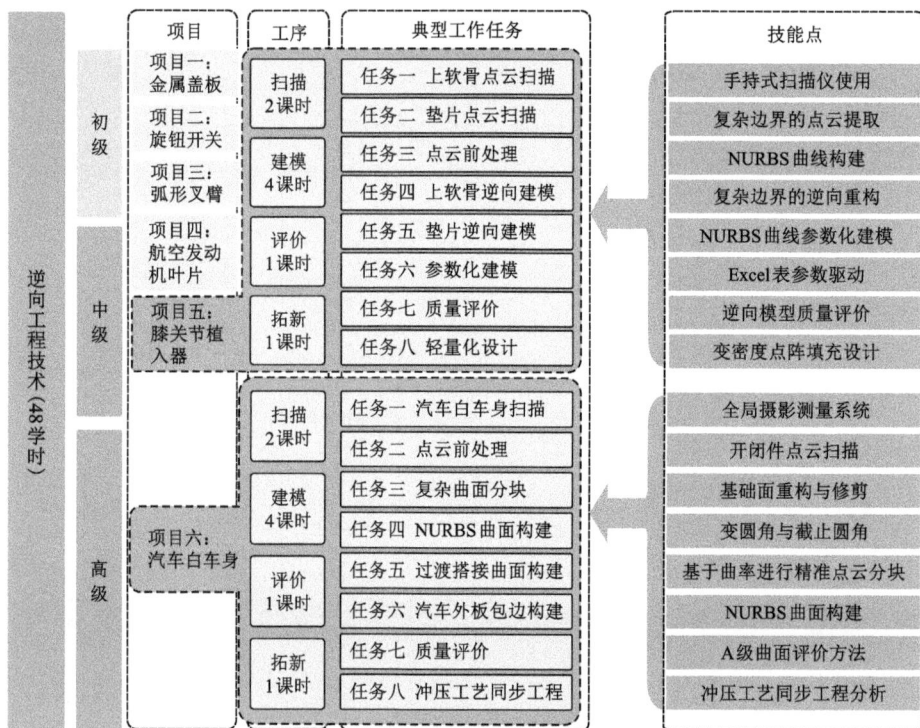

图 8-3　重构后模块化课程内容

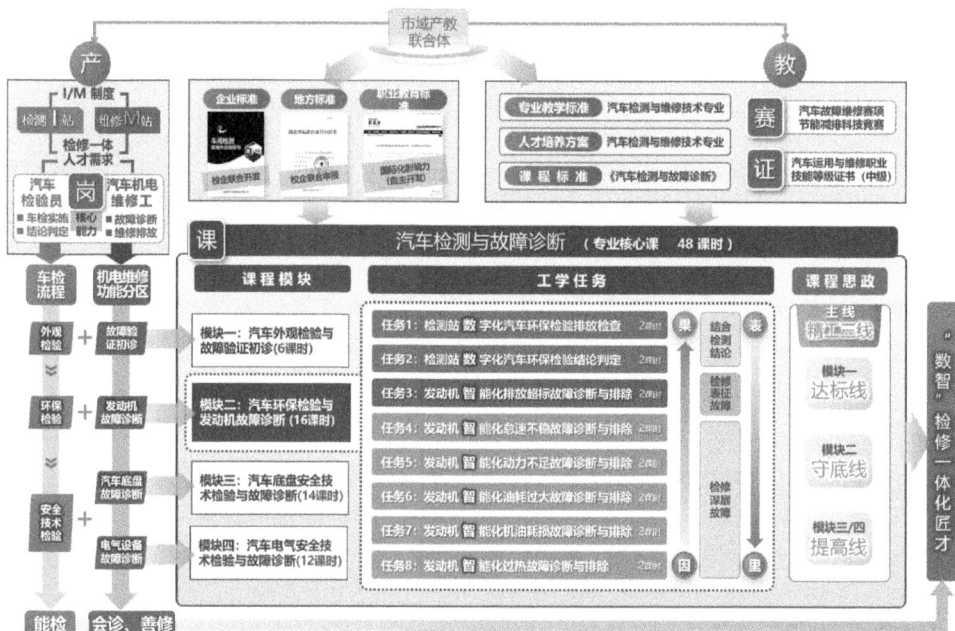

图 8-4　基于"产、岗、赛、证"重构课程内容

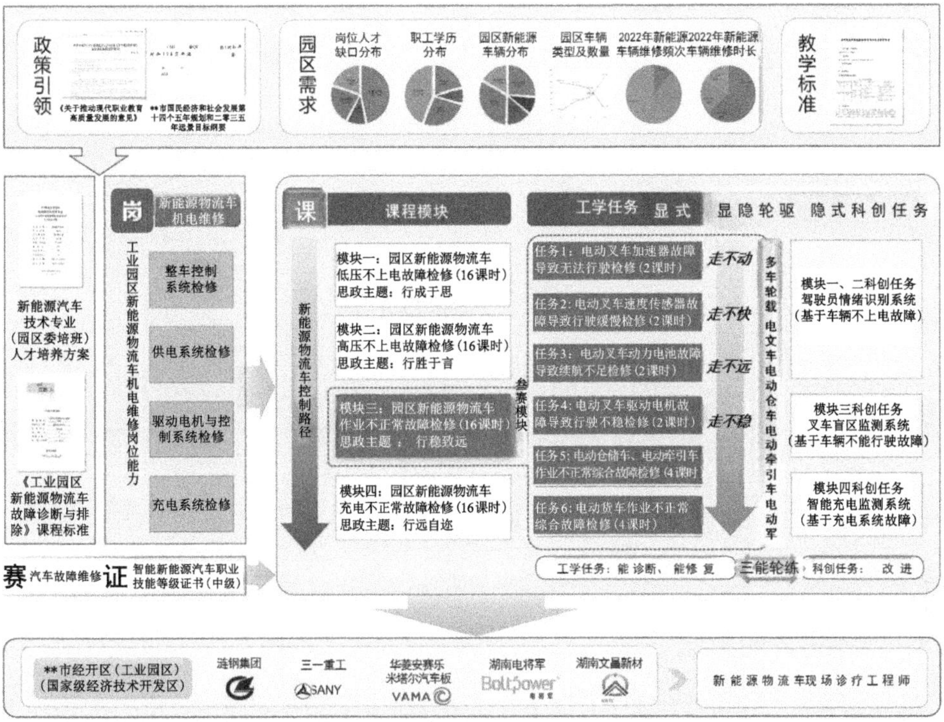

图 8-5　"多车轮载、显隐轮驱、三能轮练"重构课程

第九章

课程思政

第一节　课程思政的内涵与价值
>>>

一、课程思政的内涵

课程思政，是指以构建全员、全程、全课程育人格局的形式，将各类课程与思想政治理论课同向同行，形成协同效应，把"立德树人"作为教育的根本任务的一种综合教育理念。这一理念最早在 2014 年由上海市委、市政府提出，并逐渐成为全国高等教育改革的重要方向。

课程思政的提出，旨在解决高等教育的方向性问题，即坚持社会主义办学方向，培养德才兼备、全面发展的有用人才。这一理念强调，在高等教育中，不仅要传授专业知识，更要注重学生的思想政治教育，将立德树人的根本任务贯穿于教育教学的全过程。

课程思政的前提基础是做好言传身教，让教育者先受教育。早在 2013 年，中组部、中宣部、教育部就提出以"学术研究无禁区、课堂讲授有纪律"作为高校教师的政治底线。2014 年，习近平总书记提出了"有理想信念、有道德情操、有扎实学识、有仁爱之心"的"四有"好老师的标准，为课程思政的实施提供了重要的师资保障。

课程思政的实施效果是将文化自信融入学生思想。习近平总书记在全国教育大会上强调，要在坚定理想信念上下功夫，教育引导学生树立共产主义远大理想和中国特色社会主义共同理想，增强学生的中国特色社会主义道路自信、理论自信、制度自信、文化自信，立志肩负起民族复兴的时代重任。而课程思政的实质，就是在潜移默化之中，传播先进文化，让学生不断增强这种文化自信，并将这种自信融入自身的思想和行动，养成一种文化自觉。

课程思政的实施方法是将思想政治教育元素，包括思想政治教育的理论知识、价值理念以及精神追求等，融入到各门课程中去，潜移默化地对学生的思想意识、行为举止产生影响。这种融入不是简单的说教，而是通过挖掘各门课程中的育人元素，将其与专业知识相结合，形成"聚合""混合""化合"的过程，让学生在学习专业知识的过程中，自觉加强思想道德修养，提升政治觉悟。

二、课程思政的价值

课程思政的价值主要体现在以下几个方面：

(一)解决高等教育的方向性问题

高举什么旗帜，坚持什么方向，是高等教育发展的根本性、方向性问题。课程思政作为高校思想政治工作的重要组成部分，与思想政治课程、主题教育活动互为补充，全员投入、深挖元素、明确导向，促进了立德树人根本目标的落实，实现了教书育人。

坚持好社会主义办学方向，培养好又红又专、德才兼备、全面发展的拥护中国共产党领导和我国社会主义制度、立志为中国特色社会主义奋斗终身的有用人才，离不开课堂主渠道作用的发挥。课程思政正是通过发挥课堂的主渠道作用，将思想政治教育贯穿于教育教学全过程，引导学生与民族同呼吸共命运、与国家同发展共前行。

(二)解决人才培养的价值观问题

我们的高等教育所培养出人才是建设者还是破坏者、是接班人还是掘墓人，事关民族命运、国家发展，是检验人才培养质量的根本性、原则性问题。课程思政通过潜移默化的方式，引导学生树立正确的世界观、人生观和价值观，增强他们的社会责任感和使命感，使他们成为中国特色社会主义事业的合格建设者和可靠接班人。

在纷繁复杂的国际形势和层出不穷的挑战诱惑面前，课程思政通过加强理想信念教育，帮助学生分清是非、找准方向，避免他们在走上一定的岗位或职务后迷失方向，成为国家和社会的栋梁之才。

(三)解决思想教育的连贯性问题

当前的思想政治教育工作面临着许多新的挑战，教育主体、教育对象、教育内容和教育方法都出现了新的变化。单纯依靠"孤岛式"思政课很难适应思想政治工作现实发展需要和立德树人目标的实现。在一些学科中，专业课程教学与思政课程教学出现分离、分化甚至对立、冲突的情况时有发生。

课程思政的建设正是为了解决这一问题，它通过实现学科间育人价值的勾连，实现课堂内外的联动，实现多学科教师与行政管理者的相互配合，让各门课程教师都能守好一段渠、种好责任田，与思想政治理论课同向同行，形成协同效应。这样，学生在学习专业知识的过程中，能够自觉加强思想道德修养，提升政治觉悟，使思想政治课程与专业课程由"两层皮"向"一盘棋"转化。

(四) 实现显性与隐性的结合

课程思政注重显性与隐性的结合，即既要有思政课程的显性教育，又要有课程思政的隐性教育。显性教育主要是通过思政课程直接对学生进行思想政治教育，而隐性教育则是通过课程思政的方式，在其他课程中潜移默化地对学生进行思想引领。

这种显性与隐性的结合，既有利于加深学生对思政课程内容的理解和记忆，又有利于在其他课程中印证思政课堂所讲的内容，形成相互补充、相互验证的效果。同时，它还有利于引导学生将知识探索、科技进步与国家发展、综合国力相结合，将科学实践、成绩取得与人生目标、价值实现相结合，实现"1+1>2"的效果。

(五) 实现国家与个人的结合

课程思政注重国家与个人的结合，即引导学生认清个人成长与国家发展紧密依存的关系。它让学生明确什么是核心价值、党的主张，同时感受到这些主张距离我们并不远，或者已经在潜移默化之中成了我们为人处世的原则。

通过课程思政的教育引导，学生能够用生活中的所见所闻或者自己的行为举止来对这些党的主张进行解释，并能够以理解、践行、对照为自豪与荣耀。这样，思想引领工作就变得更加生活化、通俗化，但又避免了随意化、庸俗化。同时，它也让学生在"时代强音"中寻找困惑的答案，用"中国话语"解释自己的思想，从而更加坚定地走中国特色社会主义道路。

(六) 实现智育与德育的结合

就教育的本质而言，立德树人是所有课程应实现的目标之一。课程思政注重智育与德育的结合，即在传授专业知识的同时，挖掘专业课中的思政元素，将知识传授和价值引领有机结合。这样，不仅能够教会学生如何应用专业知识，让他们具备立足于激烈竞争的专业力量，还能够做好立德树人工作，让学生拥有良好的品行，成为德才兼备、全面发展的综合性人才。

通过课程思政的教育引导，学生能够更加深刻地理解专业知识背后的文化内涵和社会价值，从而更加自觉地践行社会主义核心价值观。同时，他们也能够更加清晰地认识到自己的社会责任和历史使命，为实现中华民族伟大复兴的中国梦贡献自己的力量。

第二节　课程思政总体设计

>>>

一、课程思政建设方向确立

课程思政是职业教育的重要组成部分,旨在通过专业课程的教学,实现立德树人的根本任务。职业教育课程思政的总体设计首先需要明确建设方向,确保教学内容和教学方法能够全面培养学生的综合素质。

(一)坚持立德树人

课程思政建设的首要任务是立德树人,即通过专业课程的教学,培养学生的道德品质和社会责任感。这要求教育者不仅要传授专业知识,还要在课程中融入思政元素,引导学生树立正确的世界观、人生观和价值观。

(二)服务区域经济

职业教育服务于区域经济发展,因此课程思政建设需要结合地方经济特点,培养符合市场需求的高素质技术技能人才。在课程设计中,应充分考虑区域经济的需求,将行业发展趋势、企业文化等内容融入课程思政,提升学生的职业素养和就业竞争力。

(三)促进产教融合

产教融合是职业教育的重要发展方向,课程思政建设也应注重与企业实践的结合。通过校企合作、工学交替等方式,让学生在实践中体验思政教育的价值,同时增强学生的实践能力和创新精神。

(四)强化师资队伍建设

教师是课程思政建设的主体,因此应重视教师的培养和引进。通过系统化培训、集体备课、科研合作等方式,提升教师的思政教育能力和专业素养,打造一支高水平的思政教育队伍。

二、课程建设目标分析

(一)知识目标与思政目标的融合

课程建设的知识目标是学生掌握专业所需的基础理论和实践技能,而思政目标融合在素质目标中,是通过课程教学实现对学生的思想政治教育。在课程建设过程中,要将两者有机结合,使知识传授与价值引领相辅相成。例如,在财经法规与会计职业道德课程中，知识目标包括掌握会计法规体系、结算法律制度、税收法律制度等，而思政目标则是培养学生严守秘密、明辨是非、遵纪守法的职业道德。通过将思政元素融入知识教学中，使学生在学习专业知识的同时，深刻理解其背后的价值理念和道德要求，实现知识与思政的深度融合。

(二)能力目标与思政素养的协同培养

除了知识目标，课程建设还应关注学生能力的培养，包括专业技能、创新能力和实践能力等。课程思政建设要将能力培养与思政素养的培育相结合，使学生在提升专业能力的同时，增强社会责任感、团队协作精神和道德判断力等思政素养。例如，在工程实践类课程中，通过团队合作项目的设计和实施，不仅锻炼学生的工程实践能力和团队协作能力，还引导学生在合作过程中学会相互尊重、诚信友善，培养良好的职业道德和团队精神。

三、课程思政脉络梳理

(一)课程思政主线的构建

课程思政主线是贯穿整个课程的思政教育核心内容，它为课程思政建设提供了清晰的思路和方向。在构建课程思政主线时，要根据课程特点和专业要求，提炼出具有代表性的思政元素，并将其贯穿于课程的各个教学环节。例如，在会计职业道德课程中，以"诚信为本，操守为重，坚持准则、不做假账"的职业道德为主线，将这一理念融入课程的每个项目和任务中。通过主线的引领，使学生在学习过程中始终关注职业道德的重要性，形成良好的职业操守。

(二)教学环节中的思政融入

课程思政的脉络不仅体现在课程主线的构建上，还应细化到各个教学环节中。在备课环节，教师要深入挖掘课程内容中的思政元素，设计相应的教学活动和案例，为课堂思政教学做好充分准备。在课堂教学环节，通过讲授、讨论、案例分析等多种教学方法，将思政元素自然融入教学内容，使学生在学习专业知识的同时，受到潜移默化的思政教育。在课后实践环节，鼓励学生将所学知识和思政理念应用到实际问题的解决中，通过实践活动进一步加深对思政内容的理解和认同。

四、课程思政元素

(一)思政元素的分类

课程思政元素可以分为多个类别，包括理想信念教育、社会主义核心价值观教育、职业道德教育、法治教育、中华优秀传统文化教育等。理想信念教育主要引导学生树立共产主义远大理想和中国特色社会主义共同理想,增强"四个自信"。社会主义核心价值观教育则着重培养学生的爱国、敬业、诚信、友善等价值观念。职业道德教育关注学生职业素养的养成,如诚信守法、爱岗敬业等。法治教育旨在提高学生的法律意识和法治观念,使他们成为遵纪守法的公民。中华优秀传统文化教育则通过传承和弘扬中华优秀传统文化,增强学生的文化自信。

(二)思政元素的挖掘与提炼

挖掘和提炼课程的思政元素是课程思政建设的关键环节。教师要深入分析课程内容,从专业知识的历史发展、影响人物、时事热点等方面挖掘思政素材。例如,在计算机专业课程中,可以从计算机技术的发展历程中挖掘创新精神的思政元素,引导学生学习科学家们勇于探索、不断突破的精神。同时,还可以从行业模范、企业案例中提炼出敬业奉献、团队协作等思政元素,使学生在学习专业知识的同时,受到思想的启迪和价值观的引领。

五、课程思政案例与专业知识的结合

(一)案例选择的原则

在选择课程思政案例时,应遵循以下原则:一是与专业知识紧密相关,案例内容要与课程教学内容相契合,能够有效支撑专业知识的学习。二是具有典型性和代表性,能够突出思政教育的主题,引发学生的共鸣和思考。三是贴近学生实际,选择学生熟悉或感兴趣的事例,增强案例的吸引力和说服力。例如,在汽车检测与维修的专业课程中,可以选择生活中常见的车辆保养典型案例,既展示了汽车保养的专业知识,又蕴含了精益求精、吃苦耐劳等思政元素。

(二)案例教学的实施

在实施案例教学时,教师要精心设计教学环节,使案例与专业知识的结合更加紧密。首先,在引入案例时,要明确案例的教学目标和思政教育意图,为学生学习做好铺垫。其次,在案例分析过程中,引导学生从不同角度深入探讨案例中的专业知识和思政元素,培养学生的批判性思维和综合分析能力。最后,通过小组讨论、角色扮演等方式,激发学生的参与热情,使他们在互动交流中加深对思政内容的理解和认同。例如,在护理专业课程中,通过分析护理人员在突发公共卫生事件中的感人事迹,引导学生理解护理职业的神圣使命和责任担当。

六、思政小结与展望

(一)课程思政建设的成效

通过课程思政的总体设计和实施,职业教育课程思政建设取得了显著成效。

学生的思想政治素质得到了显著提升，他们更加坚定了理想信念，增强了社会责任感和历史使命感。同时，学生的专业素养和职业素养也得到了全面提高，他们在学习专业知识的过程中，内化了职业道德和职业精神。课程思政还促进了教师专业发展，教师在课程思政建设中不断提升自身的思政意识和教学能力。

（二）未来发展方向

未来，职业教育课程思政建设应进一步深化和拓展。一是加强课程思政的系统化建设，构建更加完善的课程思政体系，实现课程思政在所有专业和课程中的全覆盖。二是创新课程思政的教学方法和手段，充分利用现代信息技术，开发多样化的课程思政教学资源。三是加强课程思政的评价和反馈机制建设，建立科学合理的课程思政评价体系，及时总结经验，不断改进教学。通过持续的努力，推动职业教育课程思政建设迈向更高水平，为培养更多德才兼备的高素质技术技能人才提供有力支撑。

第三节　课程思政的典型案例——"汽车发动机装配与检测"

>>>

一、课程介绍

"汽车发动机装配与检测"课程为国家级专业教学资源库建设课程、国家级课程思政示范课程、省级精品在线开放课程。课程教学立足"德技双修"高素质技术技能人才的培育，根据汽车维修企业岗位人才需求，对接"1+X 汽车运用与维修职业技能等级（中级）证书"标准，传承楚怡精神"爱国、求知、创业、兴工"的精髓，培养爱岗敬业、精技创新、技能报国和匠心传承的汽车维修楚怡工匠。

以楚怡精神为引领，开发重构课程内容。选取汽车机电维修岗位工作任务为载体，对标1+X 汽车维修证书标准，重构基于工作过程要求的岗位职业核心能力模块课程，设计学习项目7 个，工作任务22 个，共计48 学时，如图9-1 所示。基于"懂流程、能装配、会检修"的课程教学要求，深挖"楚怡富矿"，将民族精神、工匠精神等融入教学内容，重构学习内容体系。

以内隐外显互化为手段，改进完善教学方法。科学采用理实递进式教学法、混合式教学法和演示法突破发动机装配与检测中机、电、液系统原理分析、故障排查等教学难点；将楚怡精神充分融入教学内容、教学方法和教学育人全过程。

以技能培养为主线，构建"双递进、三融通"模式。按照"德技双修、工学结合"育人理念，根据人才培养目标，结合学生学情分析"四性"不足问题，校企共同制订课程思政"双递进，三融通"教学模式，如图9-2 所示。

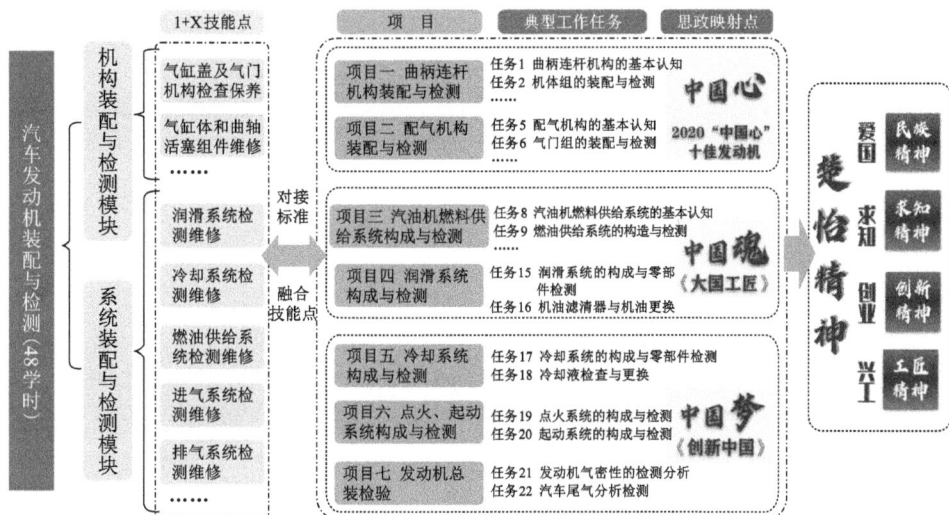

图 9-1 课程内容重构框架

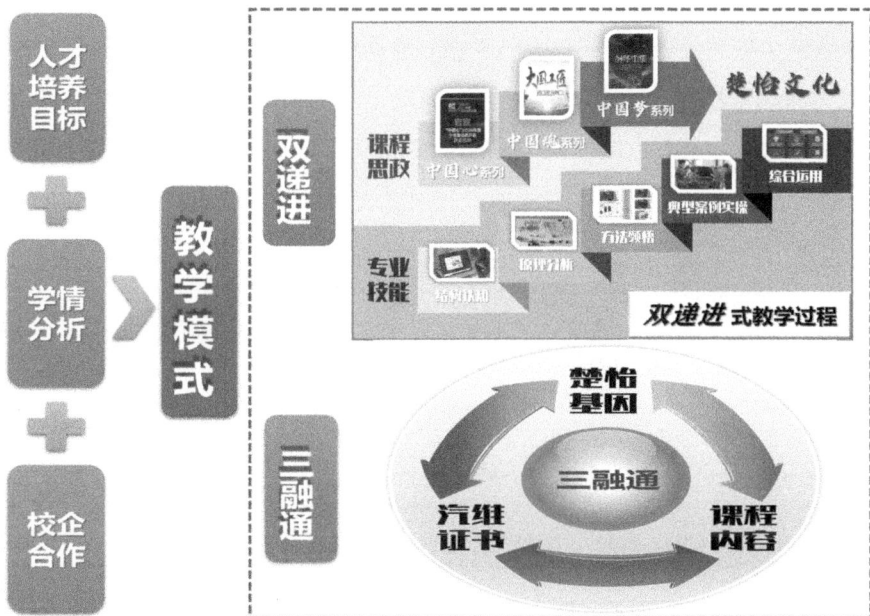

图 9-2 "双递进、三融通"教学模式

二、案例概况

"起动检修练技能，精益求精塑匠魂"教学案例实施过程中，深挖"楚怡富矿"，将民族精神、工匠精神等融入教学内容，结合学生学情分析"四性"不足问题，重构学习内容体系。按照"德技双修、工学结合"育人理念，构建"双递进、三融通"教学模式；营造"理、虚、实、考"四位一体学习环境；实行"课证融通、思政融合"的多元多维评价。

(一)内容分析

教学内容为项目六"点火、起动系统构成与检测"中的第二个学习任务，对接《汽车运用与维修职业技能等级标准(中级)》"汽车动力与驱动综合分析技术"模块——职业技能1.8"起动系统检测维修"。通过该任务学习，引导学生掌握起动系统零部件的安装位置及连接关系，理解起动系统工作过程；具备起动系统控制电路检修的职业能力。通过微课视频《【创新中国】——中国制造：复兴号》，激发学生技能报国的使命感和求知意识；结合起动系统功用的理论讲解，融入习总书记提出的大局意识的新思想，并将细致严谨、精益求精的工匠精神有效渗入教学内容；在起动系统电路连接、起动无反应问题排查等实践活动中，结合职业素养的培育将责任意识、安全意识、团队意识有效渗透实操过程。

(二)教学目标

依据专业人才培养方案与课程标准，参考国家职业标准、1+X证书标准，结合企业岗位能力需求，以综合职业能力培养为导向、德技双修人才培育为核心，确定教学目标，如图9-3所示。

素质目标
1. 培育规范操作意识、安全质量意识、团队协作意识；
2. 强化职业专注度、岗位责任心、社会责任感；
3. 培养攻技于心的职业精神、吃苦耐劳的劳动精神、精益求精的工匠精神。

知识目标
1. 熟知发动机各辅助系统结构组成与连接关系；
2. 理解发动机辅助系统工作过程及核心部工作原理；
3. 掌握发动机辅助系统的主要检修内容与操作方法。

能力目标
1. 能够完成冷却系统、润滑系统的故障检修与维护保养；
2. 能够完成起动、点火系统的电路检测与故障排查；
3. 完成进、排气系统的工作性能检测与核心部件检修。

图9-3 课程教学目标

（三）学情分析

授课对象为高职汽维专业学生，目标岗位为汽车机电维修。通过对学生就业单位走访调研、往届学生学习数据分析及学生在线学习平台数据跟踪，发现本专业学生在任务学习过程中，存在"四性"不足问题，求知精神和工匠精神有待加强，如图9-4所示。

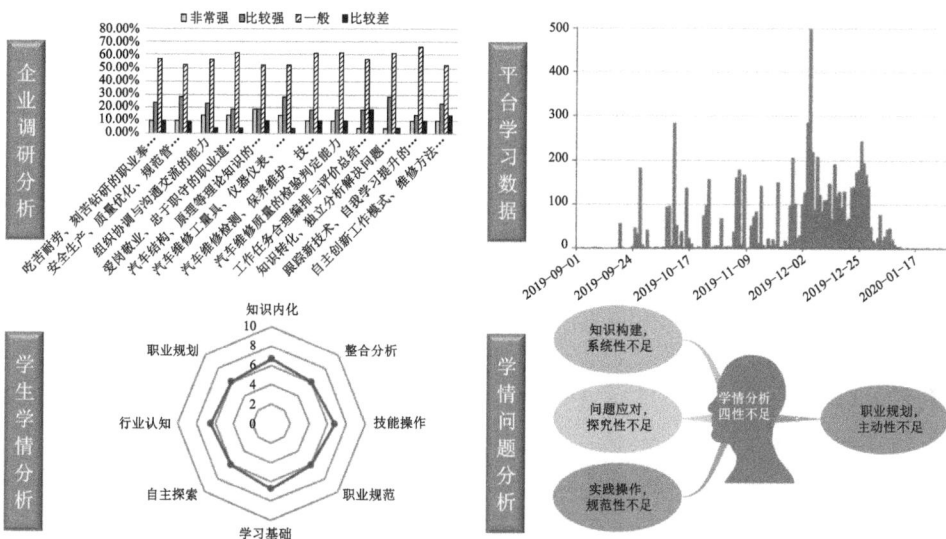

图9-4　学情分析

（四）教学重、难点

（1）课前自学测试分析。

总体情况：课前测试总体正确率为58%，基础性知识正确率为67.5%，表明学生通过微课视频学习，已经基本掌握了起动系统零部件工作过程；起动系统电路工作原理分析正确率低于55%，说明学生对该知识点的自学难度较大，如图9-5（a）所示。

典型错题：本题需要学生正确理解起动系统端子作用与系统整体控制策略和工作过程，综合性较高，正确率为45%，如图9-5（b）所示。

此外，根据《汽车发动机装配与检测职业素养调查问卷》关于起动系统构成与检测部分的调查数据，89.3%的学生缺乏6S管理意识；85.7%的学生工匠精神有待提高。

（2）确定教学重、难点。

依据专业人才培养目标，对接"汽维证书"标准的教学与培训要求，紧扣课程标准，结合学情分析结论确定教学重、难点，如图9-6所示。

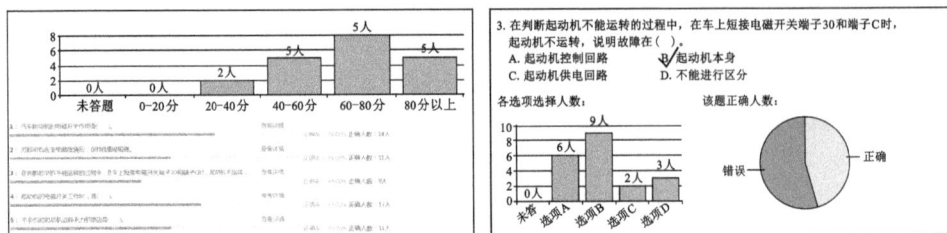

图 9-5　课前自学测试分析

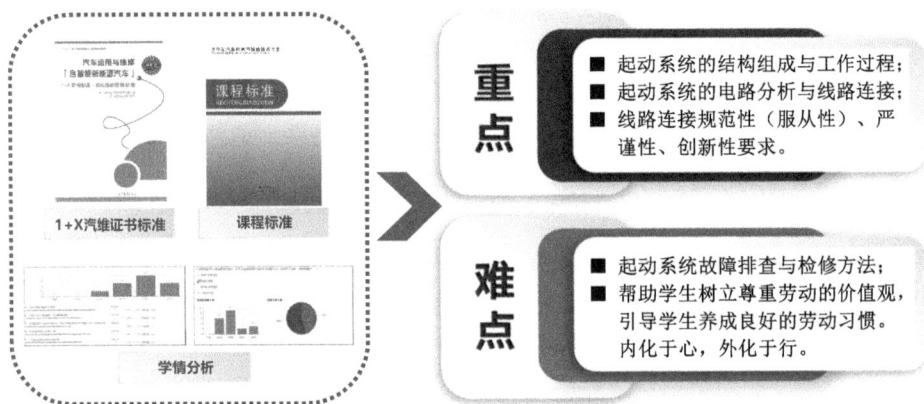

图 9-6　教学重、难点

(3)教学实施调整。

起动系统电路分析与检修学生理解难度较大,需要综合运用微课视频、动画、虚拟仿真等教学手段,降低学生理解难度;结合起动系统电路检修必须全面检测,通盘考虑,需引出工作中大局意识的重要性;需强化复杂电路分析细致严谨、精益求精的职业素养,解决认知不深、"系统性"不足等问题。

三、案例解析

(一)设计思路与理念

(1)践行"双递进、三融通"教学。

教学过程践行"双递进、三融通"教学模式,采用虚拟仿真、接线演示等相结合的方式,由结构认知-原理分析-方法领悟逐层击破,解决起动系统结构组成、工作原理及检修方法的教学重点,并将勇于探索、孜孜以求的求知精神贯穿教学始终,实现课程内容与楚怡精神相融通;对接汽维证书标准与岗位能力需求,引入发动机无法启动典型案例,进行案例实操、前导知识综合运用,采用虚拟仿真、视频跟踪等信息技术手段,突破起动系统故障排查与检修的教学难点,并将求知精神培植、工匠精神渗透融入教学任务,实现课程内容与汽维证书相融通、楚怡精神与汽维证书相融通。

(2)营造"理、虚、实、考"四位一体学习环境。

针对起动系统结构与检测的重点,为提高课堂教学效果,充分运用资源库在线课程平台开展线上、线下相结合的理论教学。首先,针对起动电路分析与检测的重难点,借助 VR 虚拟仿真软件、一体化数字教材等方式领会检测方法;其次,利用实训台架进行演练学习;最后,结合 1+X 职业技能考核要求,设置标准考核工位进行检验,构建"理、虚、实、考"四位一体学习环境,如图 9-7 所示。利用理、虚结合的学习环境,将起动系统结构组成、原理分析进行可视转化,激发学生的求知欲;借助理、实结合的学习环境,开展理实一体教学,将安全意识、探究意识等融入教学过程,实现求知精神、工匠精神内化于心;通过 1+X 考核工位设置,对学生的工匠精神外化进行检验与评价。

图 9-7　四位一体学习环境

(二)设计与实施

教学总体设计以求知、工匠精神培植和职业技能培育为主线,构建三时段、四层面学习体系,强化楚怡精神的培植,激发学生技能报国的家国情怀和匠心传承的使命担当;教学实施过程,采用理实一体递进式教学,经引、识、明、晓、练等环节,使学生在完成理论知识建构后进行实操检验,促进专业知识与技术技能的融合互通,如图 9-8 所示。

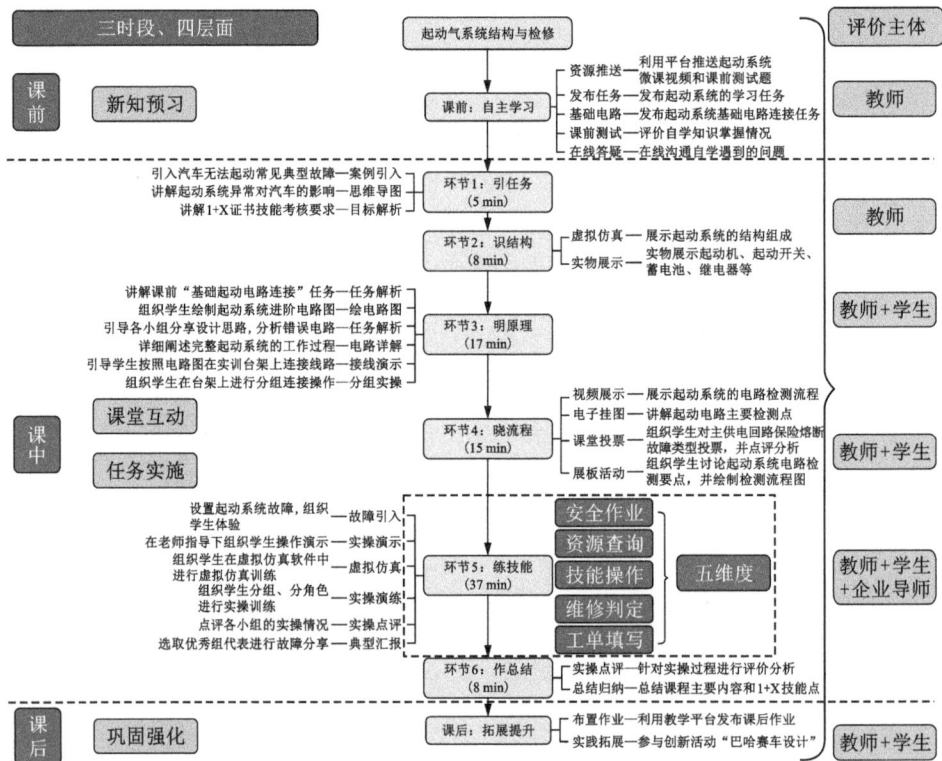

图 9-8　教学实施总体设计

（1）课前。

自主学习：发布课前学习任务，学生自主认知起动系统，了解相关检修方法，首次完成知识自我建构；利用智慧职教平台，拓展学生的学习时间与空间，强化学生自主学习的能力；通过自学测验分析，进行有针对性教学，提升学习效率和学习效果；推送复兴号视频开展思政教育，激发学生技能报国的使命感和创新意识。

（2）课中。

引任务：引入汽车无法起动案例，启发学生认知起动系统学习兴趣；解析 1+X 证书对起动系统检测维修的技能要求，让学生有效领会学习任务目标。

识结构：利用汽车 VR 智慧课堂，虚拟展示起动系统结构组成；通过实物展示讲解零部件结构，借助对未知结构的探索，激发学生的求知欲，培育学生的求知精神，解决教学重点 1；开展复兴号视频学习交流，增强学生的民族自豪感和创新精神。

明原理：通过基础起动电路连接、进阶起动电路连接、起动电路详解、接线等四阶强化，培养学生细致严谨的工作态度，强化精益求精的工匠精神培育，解决教学重点 2，一次突破教学难点 1。

晓流程：播放微课视频"起动系统电路检测流程"，引导学生理解起动电路，初步知晓检测流程；通过电子挂图讲解电路检测点，启发学生主动思考实操要点；利用展板设计活动，绘制检测流程图，让学生进行归纳总结，理清思路、通盘考虑，培育实践检修工作过程中的大局观意识，二次突破教学难点 1。

练技能：引入起动系统继电器故障案例，师生协同开展故障案例实车诊断分析，利用同屏技术进行实操演示，领会检修操作方法，强化学生求知探索的自主学习能力；使用虚拟仿真软件，进行起动系统电路检修模拟操作考核，明确检测操作流程，夯实学生的规范意识与责任意识；结合 1+X 考核标准，分组进行实操演练，开展全过程跟踪考核评价与学生自纠评价，强化学生分工协作与安全意识的培育，解决教学重点 3、三次突破教学难点 1 并突破教学难点 2。

作总结：实操点评、总结归纳，总结学习任务的主要内容，归纳操作要点，分析学生学习过程中存在的共性问题与个性问题，四次突破教学难点 1。

（3）课后。

职教云平台发布作业，检查学习效果，巩固本次课程内容；引导学有余力的学生参与汽车协会创新设计活动——巴哈赛车设计与制作，通过课外创新设计活动，培育学生的创新精神、提升学生的创新设计能力。

（三）考核评价

落实楚怡精神融入的课程思政培养要求，将楚怡精神的内化与笃行纳入评价指标，构建"课证融通、思政融合"的多元多维评价体系，如图 9-9 所示。参照 1+X 证书考核标准要求，校、企、培多方共同参与，实施学生互评、教师考评和企业导师点评等形式的多元评价。思政教师参与共建，制定"三时段、四层面、五环节"的多维评价；从课前、课中、课后三个时段，结合课前预习、课堂互动、任务实施、巩固强化四个层面，围绕安全作业、资料查询、技能操作、维修判定等五个环节，对责任意识、安全意识、创新意识进行综合评价。

教学过程中，师生借助职教云平台进行线上适时评价；实操环节利用 1+X 模拟考核平台全程视频记录，第三方评价组织对技能操作进行点评，如图 9-10 所示。

四、实效与经验

坚持楚怡精神引领，开展课程体系改革与教学模式创新，实现育人成效与课程质量双向提升，具体实施成效与成果如下。

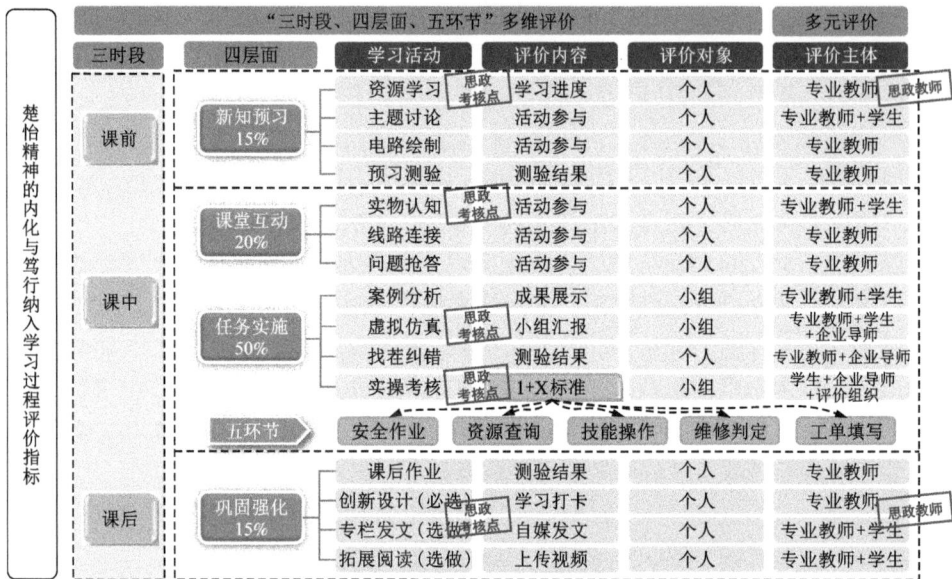

图 9-9 多元多维考核评价

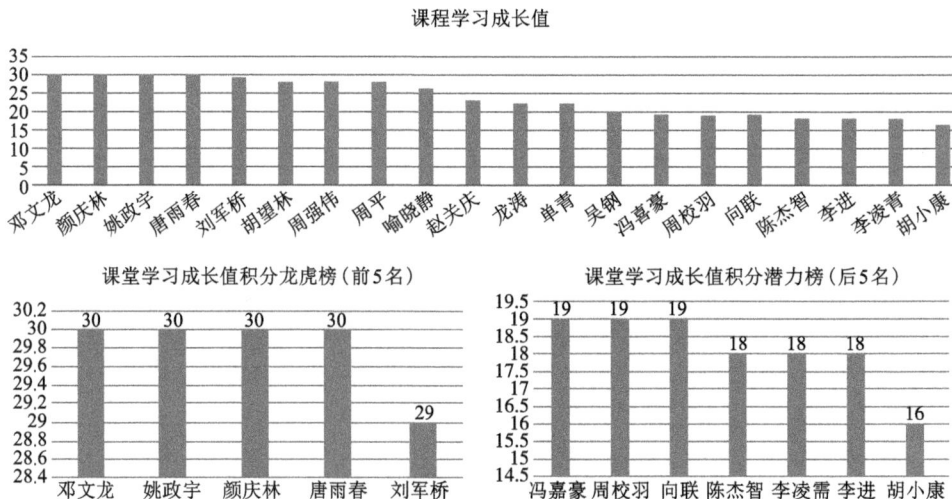

课程学习成长值

图 9-10 教学平台学习数据评价(部分截取)

(一)师生技能双向提升,竞赛成果丰硕

通过课程思政融合探究,课程教学成效显著提升。团队教师获省级以上教学成果奖 3 项;获全国高职院校教学能力比赛一等奖 2 项,省级课程思政竞赛一等奖 1 项等;"课证融通"教学范式案例被推荐为国家优秀参赛作品,在中国教育电

视台等媒体报道；学生获技能竞赛、挑战杯、互联网+等国家级奖项 10 余项；涌现了抗疫青年——高幸、创新典范——张江杰等优秀学子，相关事迹在《人民日报》《中国青年报》等媒体报道。

(二) 课程质量迭代优化，辐射成果显著

"汽车发动机装配与检测"课程先后立项为首批职业教育国家级课程思政示范课程与省级课程思政示范课程、湖南省职业教育精品在线开放课程。依托智慧职教 MOOC 学院开展线上教学，累计学习人数达 8100 余人，互动总量近 155 万次，生成学习日志 80 多万条，获评同心抗疫"十大优质课堂"，相关事迹在《三湘都市报》等省级媒体报道。课程资源成果与教学改革范式在我校组织的 1+X 国家级培训项目、军民融合培训、中泰师资培训等项目中多次列为成果范例开展培训、推广。

第十章

课程实施与教学方法创新

教学模式可以定义为在一定教学思想或教学理论指导下建立起来的较为稳定的教学活动结构框架和活动程序。作为结构框架，突出了教学模式从宏观上把握教学活动整体及各要素之间内部的关系和功能的特点；作为活动程序则突出了教学模式的有序性和可操作性。

职业教育作为连接教育与产业的重要桥梁，其教学模式的创新不仅关乎教育质量的提升，更直接影响产业结构的优化和升级。在数字经济浪潮的推动下，职业教育的教学模式需要与时俱进，以适应新时代对人才的新要求。

第一节 课程教学模式创新的理论基础

一、建构主义学习理论

(一)建构主义的核心观点

建构主义学习理论是认知心理学派中的一个重要分支，它强调学习者在知识建构过程中的主动性和能动性。建构主义认为，知识不是通过教师传授得到，而是学习者在一定的情境下，借助他人的帮助，利用必要的学习资料，通过意义建构的方式获得的。这一理论的核心观点可以概括为以学生为中心，强调学生对知识的主动探索、主动发现和对所学知识意义的主动建构。

(二)建构主义在课程教学中的应用

建构主义学习理论为课程教学模式创新提供了重要的理论指导。在建构主义思想的指导下，课程教学模式需要实现从以教师为中心向以学生为中心的转变。具体来说，建构主义在课程教学中的应用体现在以下几个方面。

情境创设：建构主义强调学习环境中的情境必须有利于学生对所学内容的意义建构。因此，在教学过程中，教师需要创设与学习内容相关、有利于意义建构的情境，激发学生的学习兴趣和探究欲望。

自主探索：建构主义鼓励学生通过自主探索的方式建构知识。在教学过程中，教师可以设计一些开放性的问题或项目，引导学生通过查阅资料、实验操作、小组讨论等方式进行自主探索，从而加深对知识的理解和应用。

合作学习：建构主义认为协作是学习环境中的基本要素之一。在教学过程中，教师需要组织学生进行合作学习，通过小组讨论、角色扮演等方式，促进学生之间的交流与合作，共同建构知识。

意义建构：建构主义强调学习的最终目标是帮助学生建构意义，即对当前学习内容所反映的事物的性质、规律以及该事物与其他事物之间的内在联系达到较深刻的理解。在教学过程中，教师需要关注学生对知识的意义建构过程，通过提问、引导、反馈等方式，帮助学生不断修正和完善自己的知识体系。

（三）建构主义对课程教学模式创新的启示

建构主义学习理论为课程教学模式创新提供了重要的启示。首先，教师需要关注学生的个体差异和学习需求，设计符合学生实际的教学内容和方法。其次，教师需要创设有利于意义建构的学习情境，激发学生的学习兴趣和探究欲望。最后，教师需要注重培养学生的自主学习能力和合作精神，提高学生的综合素质。

二、项目式学习理论

（一）项目式学习的核心特点

项目式学习是一种以学生为中心的教学模式，它强调学生通过参与一个完整的项目过程来学习和掌握知识技能。项目式学习的核心特点包括：

真实性：项目式学习通常基于真实世界的问题或情境，使学生能够在解决实际问题的过程中学习和掌握知识技能。

探究性：项目式学习鼓励学生通过探究的方式学习，即学生在教师的引导下，通过查阅资料、实验操作、小组讨论等方式，自主发现问题的答案或解决问题的方法。

协作性：项目式学习强调学生之间的协作与交流，通过小组合作的方式共同完成项目任务，培养学生的团队协作精神和沟通能力。

建构性：项目式学习鼓励学生通过建构知识的方式学习，即学生在解决问题的过程中，不断建构和完善自己的知识体系。

（二）项目式学习在课程教学中的应用

项目式学习理论为课程教学模式创新提供了另一种重要的思路。在课程教学中，教师可以设计一些与课程内容相关的项目任务，引导学生通过项目式学习的方式掌握知识和技能。具体来说，项目式学习在课程教学中的应用体现在以下几个方面：

（1）项目设计：教师需要根据课程内容和学生特点设计合适的项目任务，确保项目具有挑战性、实用性和趣味性。同时，教师还需要明确项目的目标和要求，以及评估标准和方式。

（2）项目实施：在项目实施过程中，教师需要引导学生进行资料查阅、实验操作、小组讨论等活动，帮助学生逐步解决问题、完成任务。同时，教师还需要关注学生的进展情况和困难点，及时给予指导和支持。

（3）成果展示与评价：在项目完成后，教师需要组织学生进行成果展示和评价活动。通过展示学生的作品和分享学习经验，可以激发学生的学习兴趣和自信心；通过评价学生的表现和成果，可以了解学生的学习情况和进步程度，为后续教学提供依据。

（三）项目式学习对课程教学模式创新的启示

项目式学习理论为课程教学模式创新提供了重要的启示。首先，教师需要关注学生的实践能力和创新精神的培养，设计具有挑战性和实用性的项目任务。其次，教师需要注重培养学生的自主学习能力和合作精神，通过小组合作和探究学习等方式提高学生的综合素质。最后，教师需要关注学生的学习过程和成果展示，通过多样化的评价方式激发学生的学习兴趣和自信心。

三、混合式学习理论

（一）混合式学习的核心要素

混合式学习是指将线上学习和线下学习相结合的一种教学模式。它结合了传统课堂教学的优势和网络学习的便捷性，旨在提高学生的学习效率和参与度。混合式学习的核心要素包括：

（1）线上学习资源：混合式学习需要丰富的线上学习资源，如视频教程、在线测试、互动论坛等，以便学生可以随时随地进行自主学习。

（2）线下实践活动：混合式学习强调线下实践活动的重要性，如实验操作、小组讨论、项目实践等，以便学生在教师的引导下深入理解和掌握知识技能。

（3）个性化学习路径：混合式学习允许学生根据自己的学习进度和兴趣选择适合自己的学习路径和资源，以满足不同学生的需求。

（4）教师引导与反馈：在混合式学习中，教师需要发挥引导者和反馈者的作用，通过线上互动和线下指导等方式帮助学生解决问题、提高学习效果。

（二）混合式学习在课程教学中的应用

混合式学习理论为课程教学模式创新提供了另一种重要的思路。在课程教学中，教师可以结合线上学习和线下学习的优势，设计混合式教学活动。具体来说，混合式学习在课程教学中的应用体现在以下几个方面：

（1）线上预习与复习：教师可以利用线上学习资源引导学生进行预习和复习活动，以便学生提前了解课程内容或巩固所学知识。

（2）线下讲授与讨论：在课堂上，教师可以通过讲授和讨论的方式引导学生深入理解课程内容，同时关注学生的疑问和困惑，及时给予解答和指导。

（3）实践操作与项目任务：教师可以设计一些实践操作或项目任务，引导学生通过线下实践活动掌握知识和技能。这些活动可以包括实验操作、小组讨论、项目实践等。

（4）线上互动与反馈：教师可以通过线上互动平台与学生进行交流和反馈，了解学生的学习情况和进展程度，及时给予指导和支持。同时，学生也可以利用线上互动平台分享学习经验和心得，促进彼此之间的学习和成长。

第二节　教学模式创新的途径

一、课程设置创新

（一）课程内容的更新和优化

随着社会的发展和技术的进步，职业教育的课程内容需要不断更新和优化，以适应市场需求和学生的实际需要。例如，可以增加新兴行业的课程，如人工智能、大数据等，同时也要注重传统行业的课程更新，如制造业、建筑业等。

（二）课程形式的多样化

传统的职业教育课程多以理论教学为主，缺乏实践环节。在双高视角下，可以通过多样化的课程形式来提高学生的学习兴趣和实践能力，例如，实验课、实习课、项目课等。

（三）课程与企业合作

职业教育的目的是培养符合市场需求的人才，高职院校要与企业开展合作，进行产教融合，推动职业教育高质量发展。例如，宜宾某职业技术学院智能制造学院的"多轴加工技术"实训课，学生到企业生产一线跟岗实训，企业师傅手把手带教。

二、教学方法创新

(一)项目式教学

通过实际项目的设计和实施,让学生在实践中掌握职业技能和解决问题的能力。例如,某职业学校与企业合作开展"实践创新计划",学生在真实的工作环境中学习和实践,提高他们的技能和能力。

(二)模拟教学

通过模拟真实的工作环境和场景,让学生在虚拟的环境中进行实践操作,提高其职业素养和技能水平。例如,利用虚拟仿真、数字孪生等数字技术和资源创设教学场景,解决实习实训难题。

(三)合作学习

通过小组合作学习,让学生在团队中相互协作、交流和学习,培养其团队合作和沟通能力。

(四)翻转课堂

课堂教学和自主学习相结合,让学生在课堂上进行互动和讨论,而将知识的获取和理解放在课外自主学习中。

(五)个性化教学

根据学生的不同需求和能力,采用个性化的教学方式和方法,让每个学生都能够得到最大程度的发展和提高。

三、教学资源创新

(一)多元化的教学资源

传统的职业教育教学资源主要是教材、PPT、视频等,但这些资源单一、缺乏互动性,难以满足学生的需求。因此,创新模式下的教学资源应该更加多元化,包括在线课程、虚拟实验室、在线交互平台等。

(二)个性化的教学资源

在创新模式下,教学资源应该更加个性化,以满足学生的不同学习需求。例如,针对不同的学生群体,可以提供不同的教学资源,如针对视觉障碍学生的语音教材、针对听力障碍学生的文字教材等。

(三)实践性的教学资源

职业教育的核心是实践,因此创新模式下的教学资源应该更加注重实践性。

例如，可以提供虚拟实验室、在线实践平台等，让学生在虚拟环境中进行实践操作，提高实践能力。

（四）社会化的教学资源

创新模式下的教学资源应该更加社会化，与社会资源进行融合。例如，可以与企业合作，提供企业实践项目，让学生在实践中学习，提高职业素养。

四、教学评价创新

（一）个性化评价

职业教育的学生具有不同的背景、兴趣和能力，因此教学评价应该根据学生的个性化需求进行评价。例如，对于某些学生，可以采用个别化的评价方式，为其提供更加个性化的教学服务。

（二）实时反馈评价

传统的教学评价通常是在课程结束后进行，但在职业教育中，学生需要及时了解自己的学习情况，以便及时调整学习策略。因此，教学评价应该采用实时反馈的方式，及时向学生反馈学习成果和不足之处，帮助学生更好地掌握知识和技能。

（三）促进教学评价与职业需求对接

职业教育的目的是培养符合市场需求的人才，因此教学评价应该与职业需求对接，评估学生是否具备符合市场需求的技能和能力。同时，教学评价也应该为学生提供就业指导和职业规划建议，帮助学生更好地适应职业市场。

（四）促进教师评价与学生评价相结合

传统的教学评价主要由教师进行，但在职业教育中，学生的反馈也非常重要。因此，教学评价应该促进教师评价与学生评价相结合，以全面评估教学效果。

第三节　课程教学模式创新的典型案例

一、"汽车发动机构造与维修"——以职业能力培养为主线，构建"递进式、三融通"教学模式

根据人才培养目标，结合学情分析，校企共同制订"递进式、三融通"教学模

式，如图 10-1 所示。按照学生掌握知识和培育技能的普遍规律，制订结构认知
→原理分析→方法领悟→典型案例实操→综合运用的递进式教学实施过程；"三
融通"：一是职业技能与职业精神融通，强调职业素养，把职业习惯的养成贯穿于
教学全过程，使学生懂专业、爱专业，通过课堂思政、匠心传承，使学生敬专业，
解决学生实践操作规范性不足和职业规划学习主动性不足问题；二是系统知识与
综合运用融通，利用递进式教学环节设计，引导学生自主构建本模块知识与技能
体系，通过综合故障案例分析，引导学生自主探索检修思路与方法，解决学生知
识构建系统性不足和问题应对探究性不足问题；三是教学内容与 1+X 汽维证书相
关模块融通，使学生完成课程学习后，具备参考相关模块职业技能等级证书的
能力。

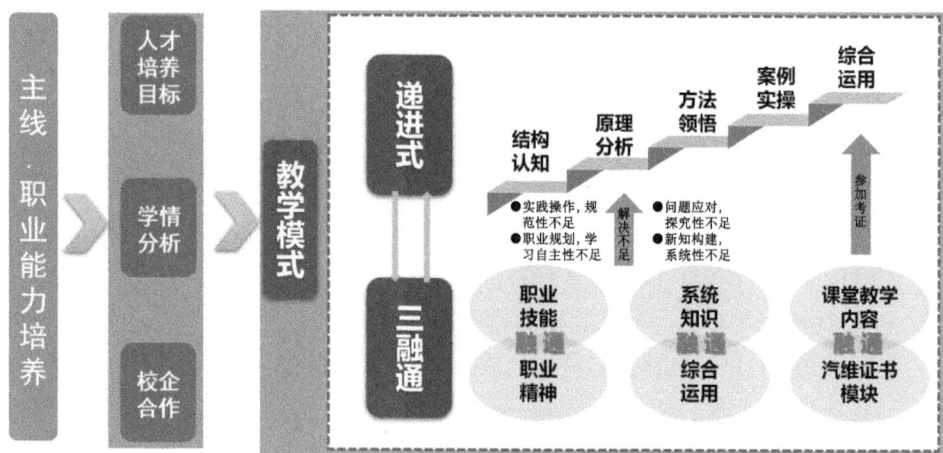

图 10-1 "递进式、三融通"教学模式

二、"逆向工程技术"——德技并举，构建"四融四序四环"教学模式

以"科学家精神"为引领，深耕"产教赛研"，构建"四融四序四环"教学模
式，如图 10-2 所示。基于学情分析提出"四融"教学策略，即职普互融、赛教
融通、产教融合、科教融汇。每个教学项目按点云扫描、逆向建模、质量评价
和拓展创新"四序"拆分为典型工作任务。以任务为驱动，以问题为导向，课堂
教学过程分为"四环"：发现问题→讨论方案→优化方案→解决问题。通过"四
融四序四环"教学模式，助力学生德技双修，树立专业自信，了解岗位需求，做
好职业规划。

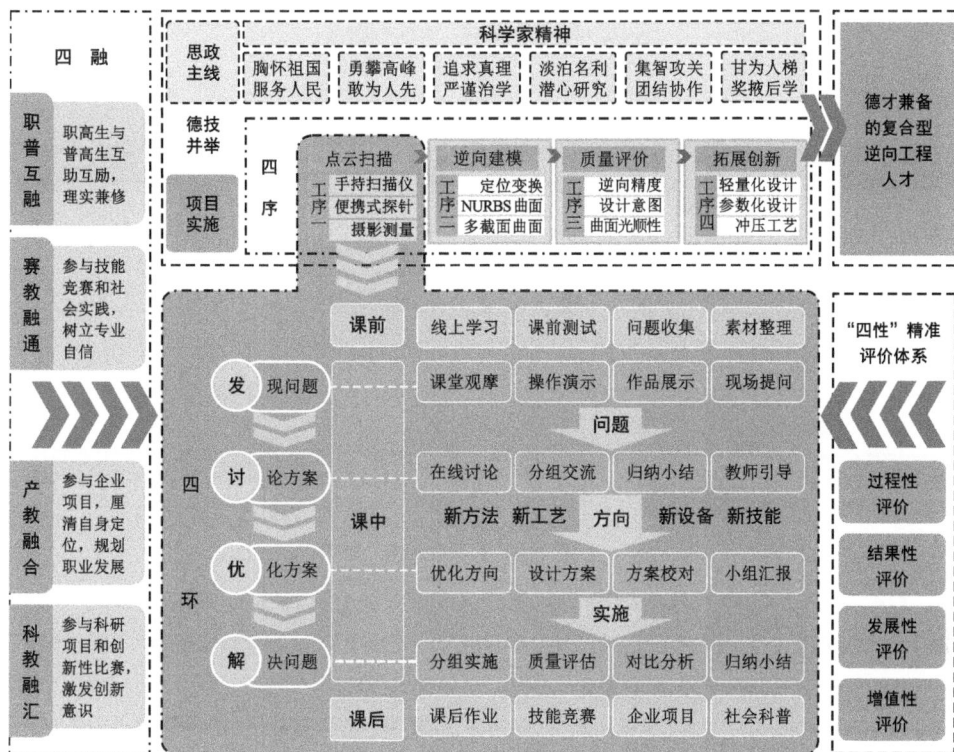

图 10-2　"四序四环四融"教学模式

三、"汽车检测与故障诊断"——补短强长，智分双式、三层选进，AI 赋能创教学新模式

"智分双式"课堂分为定式环节和变式环节，分别对应 I/M 站的通用性检修任务和不同车型差异化检修任务。定式环节用固定案例让学生认知检修共性。AI 分析学生检测方法、诊断思路和维修技能 3 个维度的"短板"，根据"补短板"原则智能分配学生角色，开展预设故障实训车辆检修，夯实学情定性基础知识和正向推导基础技能。变式环节强化复杂检修情况的特性解决能力。AI 分析学生操作规范、思路表达、检修技能 3 个方面的"长板"，根据"强长板"原则二次分组分角，在 I/M 站企业导师的指导下开展真实车辆检测、诊断和维修。解决学情定量难记忆问题和培养由故障现象回溯故障原因的逆向推导能力。工学任务在静态地端、动态产端、云端平台"三层选进"交错实施，实现理论与实践双螺旋、学生与学徒双身份、岗位与工位双交替，培养"能检、会诊、善修"的复合型"数智"检修一体化匠才，如图 10-3 所示。

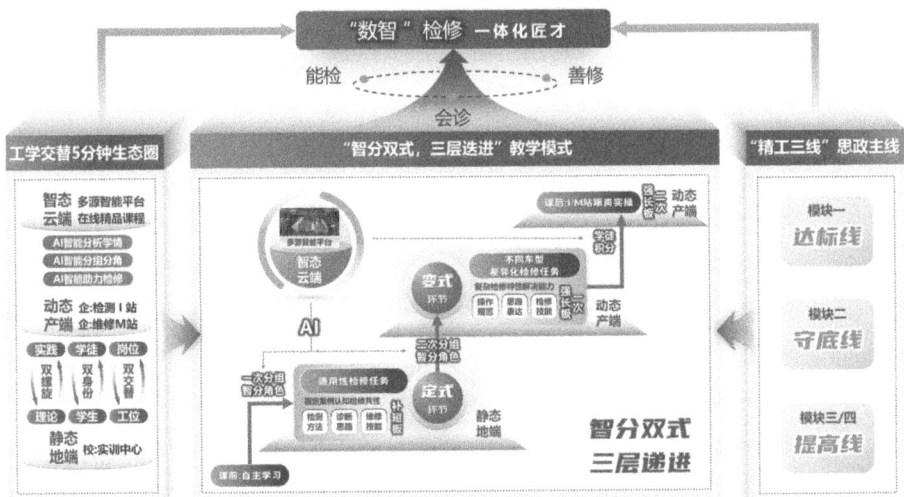

图10-3 "智分双式，三层迭进"教学模式

四、"工业园区新能源物流车故障诊断与排除"——"园校轮践、四域泛在、双式八步"教学模式

为培育新时代新能源物流车现场诊疗工程师，创新"园校轮践、四域泛在、双式八步"教学模式，如图10-4所示。"园校轮践"指校内基地工学与园区实践轮替，先在校内掌握园区物流车故障检修基本知识与技能，再去园区实施物流车现场维修综合实践。"四域泛在"体现为时间泛在、空间泛在、资源泛在、手段泛在。时间泛在指学习时间包含课前、课中、课后全阶段；空间泛在包括宿舍、校园、教室、实训室等多空间；资源泛在包括国家资源库、虚拟仿真、自主软件等线上线下资源；手段泛在包括体验法、情境法等多手段结合。"双式八步"由"显式工学"与"隐式科创"构成，"显式工学"按见情境→引任务→察症状→析症因→定诊案→除症结→验成效→促提升八步环环相扣、递进式开展教学；"隐式科创"指各模块学习中，基于园区物流车作业现场问题，设置科创任务，学生在"显式工学"任务后，由校企双师引导自主创新完成。

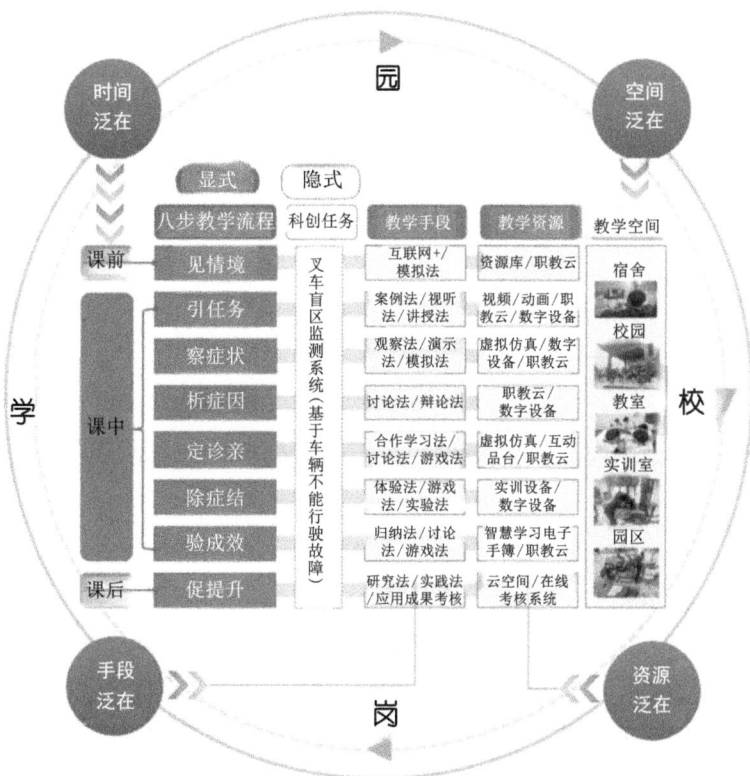

图 10-4　"园校轮践、四域泛在、双式八步"教学模式

第十一章

课证融通

第一节 课证融通的概念与意义 >>>

课证融通是指将高职院校的课程与行业职业资格证书有机结合，通过教学活动和职业训练，培养学生既掌握职业技能又获得相应证书的教育模式。这种模式旨在让学生在学习职业教育课程的同时，通过参加职业技能培训和考核，获得职业资格证书，从而增强其就业竞争力和职业发展潜力。

一、课证融通的概念

职业高职院校"课证融通"专业课程建设是以院校为教学改革的主体，以专业课程建设为目标任务，通过跨界融通的方式整合资源，以服务职业技术技能人才培养。高职院校"课证融通"专业课程建设中"课"指课程，"证"指证书，两者都是融通的对象。"融通"在《辞海》中的词义为融会贯通，融会是指融合领会，贯通是指贯穿前后。融会贯通意指有机融入，将各方面知识或道理融合贯穿起来，从而得到系统透彻的理解。

结合高职院校的人才培养现状，课程通常指高职院校的专业课程，一般分为专业基础课、专业核心课、专业拓展课。证书通常指职业技能等级证书或职业资格证书，1+X证书制度下主要指职业技能等级证书。行业企业较为关注的是职业资格证书，两证书既有区别又相互联系，目的不同证书对象也不同。双证书制度下以获取职业资格证书为目的，证书对象是职业资格证书，1+X证书制度下的证书对象是职业技能等级证书。"课证融通"融会的是"课""证"的具体内容，贯通的是"课""证"的本质属性，融会是呈现结果，贯通是内在要求。教育部发布的《关于高职院校专业人才培养方案制订与实施工作的指导意见》指出"将职业技能等级标准有关内容及要求有机融入专业课程教学"，为"课证融通"明确了内在要求。因此，高职院校"课证融通"专业课程建设意指将职业技能等级标准有关内容及要求有机地融入高职院校专业课程教学，建设集职业技能等级标准要求和专业课程基本知识于一体的职业教育专业课程体系，以学习认知规律为基本线索，注重课程专业知识与职业技能等级标准有机整合融会贯通，有效提升学习者专业知识和职业技能水平。

二、课证融通的意义

课证融通对于职业教育具有重大意义，具体表现在以下几个方面：

（一）提升学生专业技能与职业素养

课证融通的核心在于将专业课程与职业资格证书考试内容紧密结合，使学生在学习专业知识的同时，掌握行业所需的核心技能。在高职汽车类专业中，这意味着学生不仅要学习汽车构造、原理等基础知识，还要通过实践操作和模拟训练，掌握汽车维修、检测、故障诊断等实用技能。通过课证融通，学生能够更加系统地学习专业知识，提升专业技能水平，为未来的职业发展打下坚实的基础。

同时，职业资格证书的获得也是对学生职业素养的一种认可。在课证融通的过程中，学生会接触到行业标准和规范，了解企业用工需求，从而有针对性地提升自己的职业素养。这有助于学生更好地适应职场环境，提升就业竞争力。

（二）促进职业教育与产业发展的深度融合

课证融通机制的实施，需要职业教育机构与产业界的紧密合作。通过与企业共建实训基地、开展联合培养等方式，职业教育机构可以更加精准地把握产业发展趋势和用人需求，进而调整专业设置和课程内容。这种深度融合不仅有助于提升职业教育的针对性和实效性，还能够推动产业的创新发展。

如在高职汽车类专业中，课证融通可以促进学校与汽车制造、维修、销售等企业的合作。学校可以邀请企业专家参与课程设计和教学评估，确保课程内容与行业需求相匹配。同时，企业也可以为学生提供实习实训机会，使学生在真实的工作环境中提升专业技能和职业素养。这种合作模式有助于形成产教融合的良性循环，推动职业教育与产业的协同发展。

（三）推动职业教育师资队伍建设

课证融通的实施对职业教育师资队伍提出了更高的要求。教师不仅需要具备扎实的专业知识，还需要了解行业标准和规范，掌握先进的教学方法和手段。因此，课证融通成为推动职业教育师资队伍建设的重要动力。

一方面,课证融通促使教师不断更新知识结构,提升专业素养。教师需要关注行业动态和技术发展,将最新的知识和技能融入教学中。另一方面,课证融通也要求教师转变教学观念和方法,注重学生的实践能力和职业素养的培养。通过参与企业实践、开展教学研究等方式,教师可以不断提升自己的教学能力和水平。

此外,课证融通还有助于形成一支专兼结合、结构合理的师资队伍。学校可以聘请企业专家作为兼职教师,参与教学和实训指导。同时,也可以鼓励专任教师到企业挂职锻炼,提升实践能力和职业素养。这种师资队伍的建设模式有助于提升职业教育的整体水平和质量。

(四)优化职业教育课程体系与教学资源

课证融通的实施需要对职业教育课程体系进行优化和调整。通过整合课程资源、重构课程体系等方式,可以形成与职业资格证书考试内容相衔接的课程体系。这种课程体系不仅有助于学生系统地学习专业知识,还能够提升学生的实践能力和职业素养。

课证融通可以推动课程体系的优化。学校可以根据职业资格证书考试的要求,对专业课程进行梳理和整合,形成具有针对性的课程体系。同时,还可以开发与之相配套的实训教材和教学资源,如活页式教材、数字化教学资源等。这些教学资源有助于提升学生的学习兴趣和实践能力,为课证融通的顺利实施提供有力保障。

第二节 职业教育课证融通面临的挑战

>>>

一、专业课程与证书标准匹配问题

职业教育的专业课程涵盖领域广泛,涉及多个学科和行业,具有很强的综合性和复杂性。不同专业的课程体系和教学内容差异较大,要实现与种类繁多的职业资格证书标准和职业技能等级证书标准的精准匹配,难度较大。例如,在机电一体化专业中,课程内容既包括机械设计、制造工艺等机械类知识,又涵盖电气控制、自动化技术等电子电气类知识,而与之相关的职业资格证书如电工证、钳工证、自动化系统操作员证等,每个证书都有其特定的标准和要求,如何将这些不同的标准合理地融入专业课程中,是一个亟待解决的问题。

目前,部分高职院校在课程设置和教学内容安排上,仍然存在与职业资格证书标准脱节的现象。课程内容更新不及时,未能及时反映行业的最新发展动态和技术要求，导致学生所学知识和技能与实际工作需求存在差距。一些高职院校的计算机专业课程，还在教授过时的编程语言和软件版本，而行业中已经广泛应用新的技术和工具，这使得学生在考取相关职业技能等级证书时面临困难，也影响了他们毕业后的就业竞争力。

二、学校与评价组织合作困境

高职院校与评价组织之间的合作不够深入和紧密，是课证融通面临的又一挑战。目前，许多高职院校与评价组织之间仅仅停留在证书考试的组织和实施层面，缺乏在课程开发、教学资源共享、师资培训等方面的深度合作。这种浅层次的合作模式，难以充分发挥评价组织在行业中的专业优势，也无法满足高职院校对课证融通的实际需求。

三、教师实践能力不足

教师是实施课证融通的关键因素之一，但目前高职院校教师队伍的实践能力普遍有待提升，难以满足课证融通教学的需求。许多高职院校的教师是从高校毕业后直接进入学校任教，缺乏企业工作经验和实践经历，对行业的实际工作流程和技术要求了解不够深入。这使得他们在教学过程中，难以将理论知识与实践操作有机结合，无法有效地指导学生进行实践学习和技能训练。

以机械制造专业为例，教师在讲授机械加工工艺课程时，如果没有实际的企业生产经验，就很难向学生生动地讲解各种加工工艺的实际应用场景和操作要点，学生也难以理解和掌握这些知识。在指导学生进行实训操作时，教师由于缺乏实践经验，可能无法及时发现学生操作中的问题并给予正确的指导，影响学生实践能力的提高。

四、学生个体差异与学习压力

学生个体差异是影响课证融通实施效果的一个重要因素。不同学生在学习能力、学习兴趣、学习基础等方面存在较大差异，这使得他们在面对课证融通的学习要求时，表现出不同的适应能力和学习效果。一些学习能力较强、学习兴趣浓厚的学生，能够积极主动地参与课证融通的学习，在获取学历证书的同时，顺利考取相关的职业技能等级证书，提升自己的综合素质和就业竞争力。然而，对于一些学习能力较弱、学习基础较差的学生来说，课证融通的学习要求可能会给他们带来较大的压力，导致他们在学习过程中遇到困难，甚至产生厌学情绪。

第三节　课证融通的实施路径　　　>>>

一、基于职业技能等级标准，优化课程体系

(一)对接职业技能等级标准，修订人才培养方案

为了实现专业课程与职业技能等级证书的融合，学校应根据职业技能等级标准对人才培养方案进行修订。具体而言，学校应组织专业教师对职业技能等级标准进行深入的研究和分析，明确职业技能等级标准对人才培养的要求，然后结合学校的实际情况和行业的发展趋势，对人才培养方案进行修订。在修订过程中，应注重将职业技能等级标准融入课程体系中，确保学生在完成学业后能够掌握与职业技能等级证书相对应的技能和知识。

(二)重构课程体系，融入职业技能等级证书要求

在修订人才培养方案的基础上，学校应对课程体系进行重构，确保课程体系能够涵盖职业技能等级证书的要求。具体而言，学校应根据职业技能等级标准对课程内容进行梳理和整合，将职业技能等级证书要求的知识点、技能点和素质点融入课程体系中。同时，应根据职业技能等级证书的要求对课程顺序和学时分配进行合理的安排，确保学生在学习过程中能够逐步掌握与职业技能等级证书相对应的技能和知识。

以汽车检测与维修专业为例梳理课程体系，对接1+X汽维证书职业技能等级标准，融合相关课程13门，修订课程标准13项，如图11-1所示。

(三)开发配套教学资源，支撑课程体系实施

为了确保课程体系的顺利实施，学校应开发配套的教学资源。具体而言，学校应根据课程体系的要求编写配套的教材、实训指导书和教学课件等教学资源。同时，应建设相应的教学实训基地和实验室等实践教学环境，为学生提供实践操作和综合素质培养的平台。此外，还应加强与企业合作，共同开发教学资源和实践教学项目，实现学校与企业的资源共享和优势互补。

二、根据职业技能等级证书要求，重构教学内容

(一)更新教学内容，确保与职业技能等级标准同步

随着行业的不断发展和技术的不断进步，职业技能等级标准也在不断更新和完善。为了确保专业课程与职业技能等级证书的融合效果，学校应根据职业技能

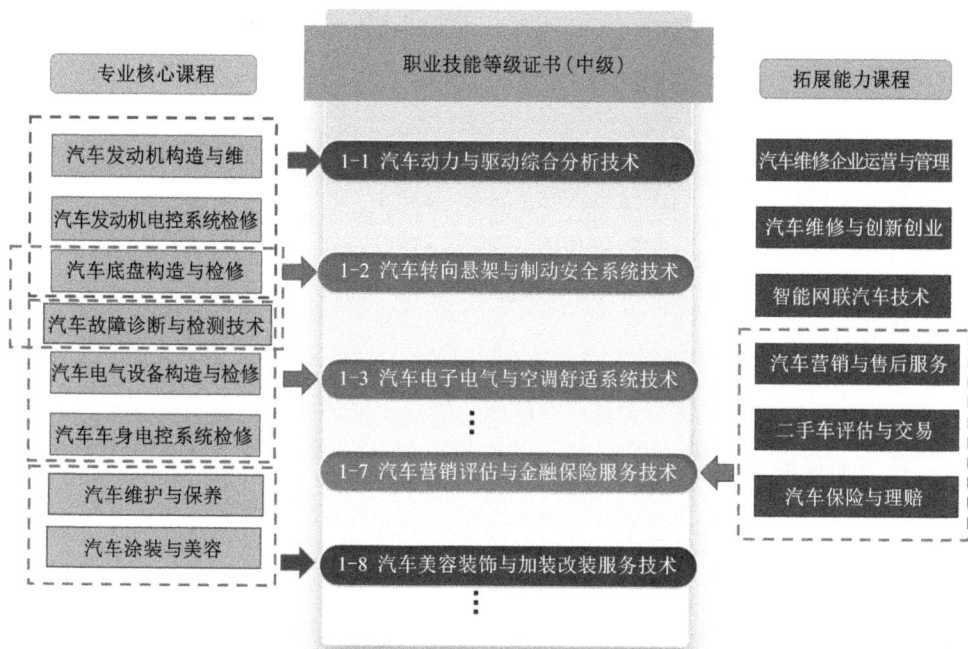

图 11-1　课程体系与 1+X 汽维证书对接图

等级标准的更新情况及时更新教学内容。具体而言,学校应组织专业教师对职业技能等级标准进行定期的研究和分析,明确新标准对人才培养的要求和变化,然后根据这些要求对教学内容进行相应的更新和调整。在更新过程中,应注重将最新的技术和知识融入教学内容中,确保学生掌握最前沿的技能和知识。

(二)融入实践操作环节,提高实践能力

职业技能等级证书对实践操作能力和综合素质的要求较高。因此,在专业课程教学过程中,应注重融入实践操作环节,提高学生的实践能力。具体而言,学校应根据职业技能等级证书的要求设计相应的实践操作项目和任务,让学生在实践操作过程中掌握与职业技能等级证书相对应的技能和知识。同时,应加强对学生实践操作过程的指导和监督,确保学生能够按照要求进行实践操作并取得良好的效果。

(三)拓展综合素质培养内容,提升综合素质

除了技能水平外,职业技能等级证书还对综合素质有一定的要求。因此,在专业课程教学过程中,还应注重拓展综合素质培养内容,提升学生的综合素质。具体而言,学校应根据职业技能等级证书的要求设计相应的综合素质培养项目和活动,如团队协作、创新思维、职业素养等方面的培养。同时,应加强对学生综合素质培养过程的评估和反馈,帮助学生发现并改进自身的不足之处。

三、改革教学方法,提高教学效果

(一)采用项目式教学法,提升学生实践操作能力

项目式教学法是一种以项目为核心的教学方法,它通过让学生参与一个完整的项目过程来培养他们的实践操作能力和综合素质。在专业课程教学过程中,可以采用项目式教学法来提升学生的实践操作能力。具体而言,可以根据职业技能等级证书的要求设计相应的项目任务,让学生在完成项目任务的过程中掌握与职业技能等级证书相对应的技能和知识。同时,可以通过小组合作、角色扮演等方式来激发学生的学习兴趣和积极性,提高他们的实践操作能力和团队协作能力。

(二)实施理实一体化教学,提高教学质量

理实一体化教学是一种将理论教学与实践教学相结合的教学方法,它通过让学生在学习理论知识的同时进行实践操作来培养他们的综合应用能力。在专业课程教学过程中,可以实施理实一体化教学来提高教学质量。具体而言,可以根据职业技能等级证书的要求将理论知识与实践操作相结合,让学生在掌握理论知识的基础上进行实践操作。同时,可以通过案例分析、模拟操作等方式来加深学生对理论知识的理解和掌握程度,提高他们的实践应用能力和综合素质。

(三)引入信息化教学手段,丰富教学资源

随着信息技术的不断发展,信息化教学手段在职业教育中的应用越来越广泛。在专业课程教学过程中,可以引入信息化教学手段来丰富教学资源,提高教学效果。具体而言,可以利用多媒体技术、虚拟现实技术等手段来制作生动、形象的教学课件和实训指导书;可以利用网络平台进行在线教学、答疑和互动;可以利用大数据分析等技术对学生的学习过程进行监测和分析,以便及时调整教学策略和方法。

四、产教协同,开发课证融通的多形态教学资源

产教协调与课证融通是实现职业教育高质量发展的有效途径。通过成立产教合作委员会、实施"双师型"师资队伍建设、建立产教合作基地等措施,可以推动教育与产业的深度融合。同时,通过明确职业标准与课程内容、开发模块化课程体系、引入企业真实案例与项目等措施,可以开发出符合产业发展需求的课证融通教学资源。

(一)引入企业真实案例与项目

为了使学生更好地掌握职业技能,学校应引入企业真实案例与项目,让学生在

实践中学习和应用所学知识。通过参与企业真实案例与项目，学生可以了解企业的实际运营情况，掌握职业技能的应用场景和技巧，提高实践能力和职业素养。

(二)构建教学资源共享平台

教学资源共享平台是实现产教协调与课证融通的重要保障。学校应建立教学资源共享平台，整合校内外优质教学资源，包括课程视频、教学课件、实验实训资源等。通过教学资源共享平台，学生可以随时随地获取所需的学习资源，提高学习效果。同时，教学资源共享平台还可以促进学校与企业之间的资源共享和合作。

如某校主持的汽车制造与装配技术专业教学资源库项目，借助学校牵头组建的全国机械行业先进装备制造职业教育集团共享联盟，引入行业企业的职业能力证书培训资源，有机融合到现有专业核心课程当中，打造符合行业企业要求的"X"技能等级证书课程。以企业典型工作任务为载体，开发"汽车发动机构造与维修""汽车故障诊断与检测技术"等职业技能等级培训资源，构筑能力逐级提升的课程资源体系，开展线上线下混合式教学，服务于 1+X 证书培训、考核，如图 11-2 所示。

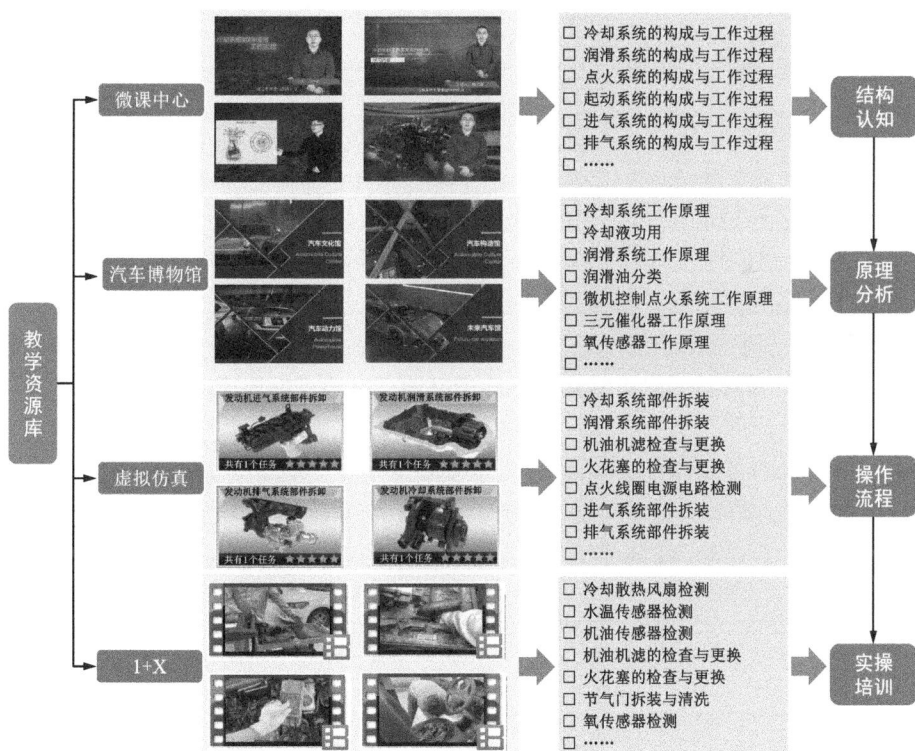

图 11-2 "汽车发动机构造与维修"课程资源体系

五、完善课程考核体系，实现书证融通

(一)建立与职业技能等级证书相对应的考核机制

为了实现专业课程与职业技能等级证书的融合，学校应建立与职业技能等级证书相对应的考核机制。具体而言，应根据职业技能等级证书的要求制定相应的考核标准和评分细则；应建立专门的考核机构或委员会来负责考核工作的组织和实施；应确保考核过程的公正、公平和透明性。同时，在考核过程中应注重对学生实践操作能力和综合素质的考核，确保考核结果能够准确反映学生的真实水平。

(二)实施多元化的评价方式，全面评估学生能力

在专业课程考核过程中，应实施多元化的评价方式，全面评估学生的能力。具体而言，可以采用笔试、实践操作、口试、项目报告等多种方式来考核学生的知识和技能掌握情况；可以采用教师评价、学生互评、企业评价等多种方式来评估学生的综合素质和实践能力。同时，在评价过程中应注重对学生的个体差异和特长的关注，鼓励学生在自己的优势领域取得更好的成绩。

(三)加强与企业合作，共同开展考核工作

为了进一步提高专业课程考核的针对性和有效性，学校可以加强与企业合作，共同开展考核工作。具体而言，可以与汽车企业合作建立校外实训基地和实习车间等实践教学环境；可以邀请企业专家参与考核标准的制定和考核工作的实施；可以与企业共同开展技能竞赛等活动来检验学生的实践能力和综合素质。通过这种方式，可以促使考核工作更加贴近企业实际需求和社会发展趋势，进一步提高人才培养质量和就业竞争力。

例如，某高职院校充分发挥"1+X 证书培训站/考核站"单位优势，校企协同以"课证融通"为目标，构建多元多维评价体系，如图 11-3 所示。通过引入 1+X 汽维证书考核标准，校、企、培三方共同参与，实施学生互评、教师考评和企业导师点评等形式的多元评价；参照 1+X 证书考核标准，制订课前、课中、课后三个时段，结合课前预习、课堂互动、任务实施、巩固强化四个层面，围绕安全作业、资料查询、技能操作、维修判定等五个环节的"三时段、四层面、五环节"的多维评价。

		"三时段、四层面、五环节"考核评价体系			
时段	评价层面	学习活动	评价内容	评价对象	评价主体
课前	课前预习 15%	资源学习	学习进度	个人	职教云平台
		主题讨论	活动参与	个人	职教云平台
		问卷调查	活动参与	个人	职教云平台
		预习测验	测验结果	个人	职教云平台
课中	课堂互动 20%	头脑风暴	活动参与	个人	职教云平台
		活动投票	活动参与	个人	职教云平台
		问题抢答	活动参与	个人	职教云平台
	任务实施 50%	展板设计	成果展示	小组	教师+学生
		案例分析	小组汇报	小组	教师+学生
		虚拟仿真	测验结果	个人	仿真软件
		实操考核	1+X标准	小组	学生+企业导师+评价组织
	五环节	安全作业　资源查询　技能操作　维修判定　工单填写			
课后	巩固强化 15%	课后作业	测验结果	个人	职教云平台
		拓展阅读（必选）	学习打卡	个人	教师
		XX车谈（选做）	自媒发文	个人	教师+学生
		公益活动（选做）	上传视频	个人	教师+学生

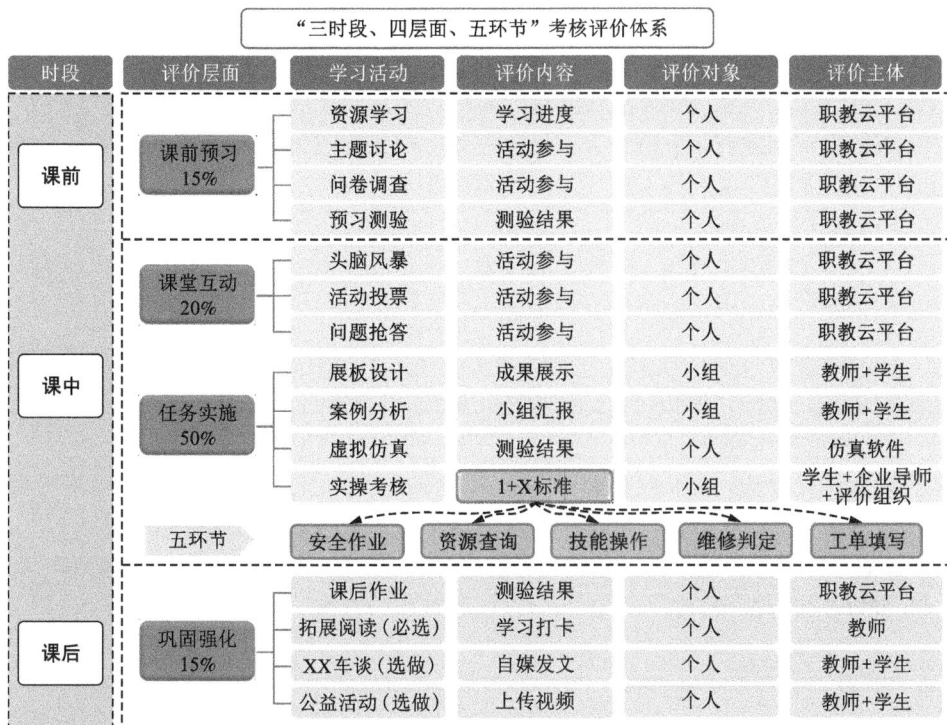

图 11-3　多元多维评价体系

第四节　课证融通典型案例

一、案例 1：南京某职业技术大学新能源汽车检测与维修技术专业课证融通案例

(一)具体做法

（1）课程体系与证书标准对接。

调研企业需求：学校联合比亚迪等头部企业，调研新能源汽车机电工岗位需求和技能要求，科学遴选汽车运用与维修高级证书，结合岗位标准和证书标准，共同制订人才培养方案。

构建课程体系：课程体系以岗位能力培养为核心，融入职业技能等级证书标准，涵盖新能源汽车动力电池、电机、整车控制系统等核心内容，确保学生在完成学业的同时能够顺利考取相关证书。

（2）校企合作与师资团队建设。

校企混编教师团队：组建包含专业教师、企业培训师和行业专家的混编教师团队，实现校企共培、协同育人。教师团队定期到企业实践，提升实践教学能力。

实践教学基地建设：搭建公共实训基地，配备先进的新能源汽车检测与维修设备，为学生提供真实的工作场景和实践机会。

（3）教学模式创新。

工学交替与能力递进：实行工学交替、能力递进的教学模式，学生在企业真实环境中学习和实践，逐步提升职业能力。

任务驱动与项目化教学：采用任务驱动法、案例教学法、项目教学法等，将理论知识与实践操作紧密结合，增强学生解决实际问题的能力。

（4）多元评价体系。

综合评价方式：将职业技能等级证书的考核办法、评分标准纳入人才培养质量评价体系，实施教师评价、企业评价与学生自评相结合的综合评价方式。

思政元素融入：在课程教学中有机融入思政元素，培养学生的工匠精神、职业道德和爱国敬业情怀。

（二）实施效果

学生职业能力提升：学生在完成学业的同时，顺利考取相关职业技能等级证书，熟悉企业文化和管理机制。毕业生因具备扎实的专业技能和良好的职业素养，受到企业的高度认可。

教学成果显著：提升了行业和企业对职业本科教育毕业生的认可度和满意度。

二、案例2：深圳某职业技术大学与华为公司产教融合课证融通案例

（一）具体做法

课程体系构建：解析华为认证技能教学标准，将其融入相关课程体系，开发校企合作教材。课程内容涵盖网络技术、云计算、人工智能等前沿领域，满足行业需求。

校企合作育人：企业专家参与课程设计和教学，学生在企业实训基地进行实践学习。学校与企业共建产教融合实践中心，为学生提供真实的工作环境。

证书考核与评价：将华为认证的考核标准纳入课程考核体系，学生在完成课程学习的同时，能够考取华为认证证书。

（二）实施效果

学生职业能力提升：学生在完成学业的同时，顺利考取华为认证证书，具备更

强的就业竞争力。毕业生因熟悉企业技术标准和管理机制，受到企业的高度认可。

教学成果显著：该模式成为高职教育"课证融通"的典范，为其他院校提供了宝贵经验。

三、案例3：兰州某职业技术学院"岗课赛证"融通育人案例

(一)具体做法

(1)构建"岗课赛证"融通课程体系。

课程体系重构：学院以岗位能力需求为导向，重新构建课程体系，将企业岗位标准和实际工作任务融入课程设计。例如，在早期教育专业中，结合行业需求，开发了涵盖职业技能等级证书内容的课程模块。

课程内容优化：课程内容结合技能竞赛标准和职业技能等级证书要求，确保学生在完成学业的同时能够顺利考取相关证书。例如，环境监测技术专业将"1+X"证书内容融入课程体系，实现课堂教学与岗位教学的无缝对接。

(2)深化校企合作，推动"岗课"融合。

校企协同育人：学院与企业深度合作，共同开发课程资源，确保教学内容与实际工作紧密相连。例如，通过"引企入校"，安排学生每周到企业进行实训，提前感受真实的工作环境。

双导师制：学院采用校企"双导师"制，由企业专家和学校教师共同指导学生，提升学生的实践能力和职业素养。

(3)以赛促学，推动"课赛"融合。

竞赛内容融入课程：学院将职业技能竞赛内容融入课程设计，通过竞赛平台培养和选拔高技能型人才。例如，将技能竞赛标准纳入课程考核体系，激励学生参与竞赛。

多元化考核方式：学院采用多元化考核方式，重点考核学生的实践操作和职业素养。例如，在环境监测技术专业中，通过技能竞赛成绩和课程考核成绩相结合的方式，全面评价学生的学习成果。

(4)推进职业技能等级认定工作。

职业技能等级认定：学院将职业技能等级认定工作作为重要抓手，推动"岗课赛证"有机融合。学院先后完成了多个专业的职业技能等级认定工作。

证书与课程互认：学院探索证书与课程的互认机制，学生在获取职业技能等级证书的同时，也能获得相应的课程学分，减轻学习负担。

(二)效果

(1)学生能力显著提升。

职业技能与实践能力：学生的职业技能和实践能力显著增强，职业技能等级

证书获取率显著提高。例如，学院学生在甘肃省高职院校技能大赛中多次获奖，2023年获奖人数较2022年增加了20人。

就业竞争力：毕业生因具备扎实的专业技能和良好的职业素养，受到企业的高度认可，就业率保持在97%以上。

（2）教师能力显著提升。

"双师型"教师队伍建设：教师通过参与课程改革和竞赛指导，实践教学能力显著提升。学院现有509名教师被认定为省级"双师型"教师，占比达90%以上。

教学成果显著：学院在"岗课赛证"融通育人模式下，取得了多项省级职业教育教学成果奖。

（3）校企合作更加紧密。

产教融合共同体：学院与企业共建产教融合共同体、产业学院和示范性职工培训基地，为学生提供了丰富的实践机会。

实践教学基地建设：学院建成54个校外实训基地，其中国家级生产性实训基地3个，国家示范性虚拟仿真实训基地1个。

第十二章

数字化教学资源

第一节　数字化教学资源的开发与建设 >>>

一、职业教育数字化教学资源的类型与特点

(一)职业教育数字化教学资源的类型

(1)多媒体课件。

多媒体课件是将文本、图像、音频、视频等多种信息载体有机融合的数字化教学材料。以机械制图课程为例，传统教学中，学生仅凭书本上的二维平面图，很难在脑海中构建出复杂机械零件的三维结构，而 3D 模型演示课件则彻底改变了这一困境。通过直观的旋转、缩放操作，学生可以从各个角度观察机械零件的细节特征，清晰地理解其空间构造与装配关系。这种可视化呈现方式，将抽象晦涩的专业知识转化为生动形象的视觉信息，极大地降低了学生的学习难度，提高了知识吸收效率。

(2)网络课程。

网络课程依托互联网平台，打破了时间与空间的限制，为学生提供了随时随地学习的便利。电子商务专业的线上网店运营课程便是典型代表。该课程涵盖网店开设流程、商品上架技巧、营销推广策略等丰富内容，学生只需通过电脑或移动设备接入网络，即可按照自身学习进度自主学习课程章节。课程中还设置了在线讨论区，方便学生与教师、同学交流互动，分享实践经验，及时解决学习过程中遇到的问题。网络课程不仅拓展了学习的时空边界，还营造了一个开放、互动的学习社区，促进了学生的自主学习与知识共享。

（3）虚拟仿真软件。

虚拟仿真软件为职业教育实训环节带来了革命性突破。以化工专业为例，化学反应过程往往伴随着高温、高压、有毒有害物质等危险因素，在真实实验室环境下，学生操作受限且成本高昂。而化学反应模拟软件则创建了一个安全、可重复的虚拟实验环境，学生可以自由设定反应参数，观察不同条件下的反应现象，实时监测反应进程。通过模拟操作，学生提前熟悉实验流程与仪器设备使用方法，降低了实际操作风险，同时也为学校节省了大量实验耗材与设备维护费用，实现了教学效益的最大化。

（4）教学视频。

教学视频具有极强的灵活性与可重复性，是职业教育中辅助学生掌握知识技能的得力工具。烹饪专业的菜品制作视频便是很好的例证。视频中，专业厨师详细展示每一道菜品从食材准备、切配加工到烹饪调味、出锅装盘的全过程，配合清晰的步骤讲解与技巧演示，学生可以反复观看关键操作环节，直至熟练掌握。无论是课堂教学中的示范播放，还是课后学生自主复习巩固，教学视频都能精准满足学生的学习需求，助力知识技能的内化。

（二）职业教育数字化教学资源的特点

（1）多样性。

数字化教学资源的多样性体现为其融合了多种媒体形式，全方位刺激学生的感官。不同学习风格的学生可以各取所需，视觉型学习者可以从精美的图像、生动的视频中汲取知识；听觉型学习者则能通过音频讲解加深理解；而动觉型学习者可借助虚拟仿真软件的操作实践强化技能掌握。这种多模态的信息传递方式，适应了学生个体差异，确保每个学生都能在学习过程中找到最适合自己的切入点，最大限度地提高学习效果。

（2）交互性。

交互性是数字化教学资源区别于传统教学材料的显著标志。在线答题功能让学生在学习过程中即时检验知识掌握程度，获得反馈；模拟操作环节如虚拟机床加工、电子电路搭建等，根据学生的操作指令实时呈现相应结果，引导学生不断调整优化。这种双向互动不仅激发了学生的学习兴趣与参与热情，更促使他们在实践中主动探索知识，培养问题解决能力，将被动接受转变为主动学习。

（3）实时更新。

职业教育紧密对接产业发展，行业知识与技术日新月异。数字化教学资源能够快速响应这一变化，及时纳入最新的行业动态、工艺标准与技术成果。软件编程课程可以迅速更新编程语言版本与应用案例，数控加工课程能实时跟进新型机床操作指令与编程规范。教师只需轻点鼠标，即可获取最新资源并融入教学，确保学生所学知识与市场需求无缝对接,始终站在行业前沿。

(4)可扩展性。

随着教学实践的深入与教学需求的变化,数字化教学资源易于补充、修改与完善。教师在教学过程中发现某个知识点讲解不够透彻,可以即时添加详细的文本说明、补充相关案例视频;若行业出现新的技术工艺,也能迅速将其融入现有资源体系,对虚拟仿真软件进行功能升级,对网络课程进行章节更新。这种灵活的可扩展性,保障了教学资源的持续优化,使其始终贴合职业教育教学实际。

二、数字化教学资源开发与建设的重要性

(一)满足个性化学习需求

高职院校学生在学习基础、学习能力和学习兴趣等方面存在较大差异。数字化教学资源具有可选择性和自主性的特点,学生可以根据自身实际情况,自主选择学习内容、学习进度和学习方式,实现个性化学习。例如,在汽车维修专业的学习中,基础薄弱的学生可以通过反复观看发动机拆解与组装的视频教程,逐步掌握相关技能;而学有余力的学生则可以选择更具挑战性的新能源汽车故障诊断拓展内容进行学习。

(二)提升教学效率与质量

丰富多样的数字化教学资源,如动画、视频、虚拟仿真等,能够将抽象的知识直观化、复杂的技能操作过程可视化,帮助学生更好地理解和掌握知识与技能。同时,教师可以利用数字化教学资源优化教学设计,如采用翻转课堂、混合式教学等教学模式,提高教学效率与质量。例如,在机械制图课程中,利用 3D 建模软件生成的动态模型,能让学生更清晰地理解复杂零件的结构,提高绘图的准确性。

(三)适应职业教育发展趋势

随着产业升级和技术创新的加速,职业教育需要不断更新教学内容,以培养适应新技术、新工艺、新规范的人才。数字化教学资源的更新与传播速度快,能够及时反映行业最新动态和技术发展趋势,使职业教育与产业需求紧密对接。例如,在人工智能领域,相关的数字化教学资源能够迅速更新算法、应用案例等内容,帮助学生紧跟行业发展。

(四)促进教育公平

数字化教学资源可以通过网络平台实现广泛传播,打破地域和学校条件的限制,使不同地区、不同学校的学生都能享受到优质的教学资源。对于一些教育资

源相对匮乏的地区,数字化教学资源的共享能够缩小与发达地区职业教育的差距,促进教育公平。

三、数字化教学资源的开发流程

(一)需求分析

(1)学生需求调研。

通过问卷调查、访谈等方式,了解学生的学习需求、兴趣爱好、学习习惯以及对数字化教学资源的期望。例如,针对计算机专业学生,了解他们对编程语言学习资源的形式(如视频讲解、在线编程练习平台等)和内容(如基础语法、项目实战等)的需求。

(2)教师教学需求分析。

与教师进行深入交流,了解他们在教学过程中遇到的问题和对教学资源的需求。例如,教师在教授数控加工课程时,可能需要能够展示实际加工过程的高清视频资源,以及模拟数控编程操作的软件资源,以辅助教学。

(3)行业企业需求研究。

关注行业企业的发展动态、技术需求和人才规格要求,确保数字化教学资源能够反映行业最新标准和实践技能。例如,与智能制造企业合作,了解智能制造生产线的操作规范和新技术应用,将相关内容融入数字化教学资源中。

(二)教学设计

(1)确定教学目标。

根据课程标准和职业能力要求,明确数字化教学资源的教学目标。例如,在电子商务运营课程的数字化教学资源设计中,确定学生通过学习该资源应掌握店铺搭建、商品推广、客户服务等具体的知识和技能目标。

(2)规划教学内容。

依据教学目标,对教学内容进行系统规划,将其分解为具体的知识点和技能点,并按照知识逻辑和学生认知规律进行组织。例如,在烹饪工艺课程中,将教学内容按照食材处理、烹饪技法、菜品制作等模块进行划分,每个模块再细分具体的知识点和技能操作步骤。

(3)选择教学方法与策略。

根据教学内容和学生特点,选择合适的教学方法与策略,如任务驱动法、项目教学法、探究式学习法等,并融入数字化教学资源的设计中。例如,在网页设计课程的数字化教学资源中,设计一系列实际项目任务,引导学生通过完成项目来掌握网页设计的技能。

（三）资源制作

（1）素材收集与整理。

收集与教学内容相关的文本、图片、音频、视频等素材。可以通过网络搜索、实地拍摄、购买版权等方式获取素材，并对素材进行整理和筛选，确保素材的质量和适用性。例如，为制作旅游专业的数字化教学资源，实地拍摄著名景点的图片和视频，收集相关的历史文化资料等。

（2）资源开发与制作。

利用专业的软件工具，如视频编辑软件、动画制作软件、课件制作软件等，将素材进行加工处理，制作成符合教学设计要求的数字化教学资源。例如，使用动画制作软件制作机械原理的动态演示动画，帮助学生理解抽象的机械运动原理。

（3）技术支持与优化。

确保数字化教学资源在不同设备（如电脑、平板、手机）和网络环境下的兼容性和流畅性。对资源进行技术测试，优化资源的存储格式和大小，提高资源的加载速度和稳定性。例如，将视频资源转换为适合网络播放的格式，并进行适当的压缩处理，同时测试在不同网络带宽下的播放效果。

（四）资源审核与评价

（1）内部审核。

组织学校内部的专家、教师对开发的数字化教学资源进行审核，检查资源的内容准确性、教学适用性、技术规范性等方面是否符合要求。例如，审核数学化教学资源中知识点的讲解是否准确无误，教学流程是否合理，视频画面是否清晰等。

（2）试用与反馈。

将数字化教学资源在一定范围内进行试用，收集教师和学生在使用过程中的反馈意见，了解资源的优点和存在的问题。例如，在某班级试用新开发的会计电算化教学软件，通过问卷调查和学生访谈，收集学生对软件操作界面、功能设置、教学效果等方面的反馈。

（3）改进与完善。

根据审核意见和试用反馈，对数字化教学资源进行针对性的改进和完善，不断优化资源的质量和教学效果。例如，如果发现学生在使用某虚拟仿真实验资源时存在操作困难，及时对操作指南进行优化，并调整实验流程。

第二节 数字化教学资源的建设策略

>>>

一、校企合作共建

(一)合作模式探索

校企合作是职业教育数字化教学资源建设的重要途径,其合作模式丰富多样且不断创新。订单班模式作为校企合作的常见形式,在数字化教学资源共建方面成效显著。以某汽车高职院校与知名汽车制造企业合办的新能源汽车订单班为例,企业深度参与人才培养方案制定,依据自身生产需求明确学生应掌握的核心技能,如电池管理系统调试、电机驱动控制技术等。在此基础上,校企双方共同投入资源建设数字化课程,企业提供最新的车型技术资料、生产工艺流程视频等作为课程素材,学校教师则将这些素材进行系统整合,转化为适合学生学习的教学资源,如制作成图文并茂的电子教材、生动形象的教学微课等。

现代学徒制模式更是将校企合作推向纵深。在这种模式下,学生兼具学徒与学生双重身份,校企双导师全程指导。学校与企业共同搭建数字化学习平台,企业师傅将实际工作场景中的维修案例、故障诊断技巧等通过视频直播、在线文档等形式实时分享给学徒,让学徒在学校学习理论知识的同时,能同步接触到企业一线的实践经验。例如,某汽修企业与高职院校合作的现代学徒制项目,企业开放内部维修数据库,学校教师从中筛选出典型案例,结合教学大纲开发出虚拟仿真实训项目,学生在虚拟环境中模拟解决实际维修问题,技能提升效果显著。据统计,参与该现代学徒制项目的学生在实习期间,对复杂汽车故障的平均修复时间比传统培养模式下的学生缩短了 25%,得到企业高度认可。

(二)资源转化与应用

企业拥有丰富的实践资源,将其有效转化为教学资源是校企合作的关键环节。在汽车类专业教学中,企业的实际生产案例为课程教学注入了鲜活生命力。如某汽车零部件制造企业向合作院校提供了某款新型变速器生产线优化案例,学校教师将其融入机械制造工艺课程,详细剖析生产线原有的工艺布局、加工流程以及在质量控制、生产效率等方面出现的问题,引导学生运用所学知识探讨优化方案,使学生深刻理解机械制造工艺在实际生产中的应用。

企业的实践标准也是教学资源的重要源泉。汽车售后服务行业对维修操作规范、质量检验流程等都有严格标准,校企合作将这些标准引入实训教学,确保学生实训与企业实际操作无缝对接。以汽车 4S 店维修接待流程为例,学校依据企业标准制订实训教学方案，从客户预约、车辆进店接待、故障初步诊断，到维修项目确定、维修过程跟踪、交车结算等环节，让学生在模拟 4S 店环境中按标准流程操作，熟悉行业规范，提升职业素养，毕业后能迅速适应工作岗位要求。

二、教师自主开发

(一) 开发技能与工具

教师作为教学的直接实施者，在自主开发数字化教学资源方面具有独特优势。为提升教师开发能力，院校应组织针对性培训，涵盖多种技能与工具应用。录屏软件培训让教师能够便捷地将课堂讲授、实操演示等内容录制下来，后期剪辑制作成微课视频，方便学生课后复习回顾。例如，教师在讲解汽车发动机电控系统故障诊断时，通过录屏记录下整个诊断流程，包括仪器连接、故障码读取、数据分析等步骤，学生可反复观看视频，强化记忆关键操作要点。

动画制作培训助力教师将抽象汽车知识可视化。复杂的汽车底盘传动系统工作原理，通过专业动画软件制作成动画视频，学生能清晰看到动力传递路径、齿轮啮合过程等，降低学习难度。如某教师利用 Maya 软件制作的汽车制动系统工作原理动画，以生动形象的画面展示了制动时液压系统的压力变化、刹车片与刹车盘的摩擦作用，使原本晦涩难懂的知识变得易于理解，学生对该部分知识的掌握程度显著提高。

此外，交互课件制作工具如 Articulate Storyline 也为教师开发优质资源提供便利。教师可利用该软件创建具有交互功能的课件，设置选择题、填空题、拖拽题等练习题，让学生在学习过程中及时巩固知识，同时软件内置的反馈功能还能针对学生答题情况给出个性化提示，提高学习效果。

(二) 个性化资源打造

教师基于教学实践自主开发的个性化资源，能精准满足学生学习需求。以汽修专业教师自制的系列微课为例，针对新能源汽车技术这一新兴领域，市场上现有教材和资源更新相对滞后，教师通过查阅前沿学术文献、参加行业研讨会，收集整理最新技术资料，制作成涵盖新能源汽车电池管理、电机控制、充电技术等多个主题的微课。这些微课聚焦关键知识点，每个时长 5 ~10 分钟，符合学生碎片化学习习惯，学生可根据自身知识短板有针对性地选择学习，有效提升学习效率。

再如，面对小众车型维修教学需求，教师利用业余时间深入汽修厂收集相关维修案例，拍摄维修过程照片、视频，整理成特色教学资源。在教学中，当涉及小众进口车型的特殊故障诊断时，教师便可调出这些自制资源，为学生详细讲解故障排查思路、维修技巧，弥补通用教材的不足，拓宽学生维修视野，培养学生应对多样化维修任务的能力。

三、资源整合与优化

(一)校内资源整合

校内数字化教学资源整合是提升资源利用效率的关键举措。课程资源整合方面,打破课程之间的壁垒,以汽车类专业核心技能为主线,将汽车构造、汽车维修、汽车检测等课程资源有机融合。例如,构建汽车发动机故障诊断与修复一体化课程资源,将发动机原理、机械维修、电控系统检修等相关知识点串联,形成从故障现象分析、理论知识支撑,到实际维修操作的完整学习链条,避免学生知识碎片化,提升综合应用能力。

实训资源整合同样重要,将校内各实训室的设备、软件资源统一管理调配,搭建实训资源管理平台。以汽车实训中心为例,将汽车维修车间、检测线、虚拟仿真实训室等资源信息录入平台,学生可在线预约实训场地、设备及软件,查看设备使用说明、实训项目指导书等资料,实现实训资源的高效利用,提高实训教学组织效率。

此外,整合图书馆数字资源,将汽车专业电子书籍、期刊论文、行业标准等资源与课程教学平台对接,方便师生在教学过程中一键检索引用。如学生在撰写汽车新能源技术调研报告时,可直接从对接后的平台进入图书馆数据库,快速获取权威文献资料,拓宽研究视野,提升报告质量。

(二)校际资源共享

校际资源共享能够拓展资源边界,实现优势互补。建立校际联盟是推动资源共享的有效方式,多所高职院校围绕汽车类专业组建联盟,共同制定资源共享规则与标准。在课程共享方面,联盟内院校互相开放优质在线课程,学生可跨校选修感兴趣的课程,获得相应学分。例如,某北方汽修院校在冰雪路面汽车驾驶与操控技术课程教学方面独具特色,南方院校学生通过校际课程共享平台选修该课程,丰富自身知识结构,适应不同路况驾驶需求;同时,南方院校在新能源汽车热管理技术研发应用方面成果突出,其课程也为北方院校学生提供了学习机会,促进了知识交流融合。

实训资源共享也在逐步推进,对于一些高成本、大型的实训设备,如汽车整车碰撞试验设备、氢燃料电池研发测试平台等,联盟内院校通过协商安排学生跨校实训,提高设备利用率,降低各校办学成本。此外,校际间定期组织教师交流、教学研讨活动,共同开发联合课程、实训项目,如长三角地区汽修专业院校联合打造智能网联汽车实训课程体系,融合各校优势师资与资源,为区域产业发展培养高素质复合型人才,推动职业教育数字化教学资源共建共享向更高水平迈进。

第三节　数字化教学资源的应用路径

一、课堂教学应用

（一）混合式教学模式

在高职汽车类专业课堂教学中，混合式教学模式已成为提升教学质量的重要手段。以汽修发动机课程为例，教师在课前通过超星学习通平台推送预习任务，包括发动机工作原理的动画视频、相关知识点的微课以及预习测试题。学生观看视频后完成测试，教师根据平台反馈数据了解学生预习情况，针对薄弱知识点在课堂上重点讲解。课堂上，教师先利用 PPT 对发动机的整体结构、关键部件进行详细剖析，随后组织学生分组进行发动机实物拆解与装配实操，教师现场指导，及时纠正操作错误。课后，学生登录平台完成作业，作业形式多样，包括理论知识选择题、简答题，以及实操过程的视频录制与分析。通过这种线上预习、线下实操、线上复习的混合式教学模式，学生对发动机课程知识的掌握程度显著提高，期末考试平均成绩较传统教学模式提升了 12 分，实操考核的正确率提高了 18%。

（二）情境创设与互动

利用数字化资源创设生动的教学情境，能够极大地激发学生的学习兴趣与参与度。在汽车电气课程教学中，教师借助虚拟现实（VR）技术打造虚拟汽车维修车间，学生佩戴 VR 设备，仿佛置身于真实的车间环境。当学习汽车电路故障排查时，系统模拟出不同类型的电路故障，如灯光电路短路、雨刮器电路断路等，学生手持虚拟检测工具，按照维修流程进行排查诊断。同时，通过增强现实（AR）技术，教师将汽车电气系统的原理图以 3D 动画形式叠加在实体汽车部件上，学生用手机扫描部件，即可直观地看到电流走向、信号传输路径等抽象内容，使复杂的电气知识变得一目了然。在这样的情境创设下，课堂互动频繁，学生主动提问次数较以往增加了 30%，解决问题的能力也得到有效锻炼。

二、实训教学应用

（一）虚拟仿真实训

虚拟仿真实训为高职汽车类专业实训教学带来了革命性变革。以新能源汽车高压系统实训为例，由于高压系统操作具有高电压、高风险特性，传统实训教学难以让学生充分实践。借助虚拟仿真软件，学生可以在虚拟环境中反复进行高压电池组的拆卸、安装，高压线路的连接、检测等操作，软件实时反馈操作是否规范，如螺栓拧紧力矩是否符合标准、线路连接是否牢固等。一旦操作失误，系统会模拟出高压触电等安全事故场景，让学生深刻认识到操作规范的重要性。据统计，引入虚拟仿真实训后，学生在实际高压系统操作考核中的失误率降低了35%，对高压系统原理与操作流程的熟悉程度大幅提升，平均实训时间缩短了20%，有效提高了实训效率与安全性。

(二)远程实训指导

随着5G等通信技术的发展，远程实训指导在汽车类专业实训中得到广泛应用。在汽修实习过程中，学生在企业实习现场遇到疑难问题时，可通过5G智能终端设备拍摄故障车辆细节、仪表数据等信息，实时传输给学校的专业教师。教师借助高清视频画面，结合自身专业知识，远程指导学生排查故障，如分析发动机抖动异常的原因，可能涉及火花塞点火、燃油喷射、进气系统等多个方面，教师通过视频指导学生一步步检查相关部件。同时，企业师傅也可通过相同方式参与指导，实现校企双导师远程协同教学。这种远程实训指导模式打破了时空限制，让学生在实习过程中能及时获得专业支持，实习问题解决的平均时长从原来的2小时缩短至1小时以内，提升了实习效果。

三、自主学习与拓展

(一)个性化学习平台

个性化学习平台为学生提供了自主探索知识的广阔空间。以超星学习通平台在高职汽车类专业的应用为例，平台依据学生的课程学习记录、作业完成情况、测试成绩等多维度数据生成学生画像。针对画像分析结果，为对汽车电子技术感兴趣的学生精准推送如汽车电控系统进阶课程、新能源汽车电子控制技术前沿讲座等学习资源；为倾向于汽车营销方向的学生推送汽车市场调研方法、汽车销售技巧实战案例等内容。学生根据自身需求在平台上自主选择学习路径，制订学习计划。例如，某学生希望深入学习新能源汽车电池管理技术，通过平台推荐学习了一系列相关的学术论文、企业研发案例视频，完成了个性化学习任务，在后续的课程设计中，该学生能够独立完成复杂的电池管理系统方案设计，展现出较强的知识应用能力。

(二)学习社区与交流

学习社区与交流平台为学生搭建了互助学习、拓展视野的桥梁。在专业论坛方面，如汽车之家的汽修技术论坛专门开辟高职专区，学生们在这里分享自己在实训中的经验与困惑，如探讨某款车型变速器维修的难点、分享汽车美容的操作技巧等。遇到问题时，学生发帖求助，来自不同院校、企业的专业人士纷纷回帖解答，提供多种解决方案。在线答疑板块，学校教师定期入驻，针对学生在课程学习、毕业设计等过程中的问题进行实时答疑。例如，在毕业设计期间，学生对汽车制动系统改进设计的可行性存在疑问，教师通过在线答疑详细分析设计思路、技术难点，引导学生完善设计方案。通过参与学习社区交流，学生的学习积极性显著提高，每周在社区主动学习交流的时间平均达到 3 小时，专业知识面得到有效拓展。

第四节 数字化教学资源的共享与评价

一、数字化教学资源的共享

(一) 数字化教学资源共享的现状

自 2010 年中国启动职业教育专业教学资源库建设工作以来，截至 2023 年 6 月 30 日，已纳入监测平台的资源库共计 919 个，覆盖 19 个专业大类和 72 个专业类，注册用户达 4136.34 万余人，总访问量 94.66 亿次。其中，国家级资源库 203 个，省市级资源库 338 个，院校级资源库 378 个。这些资源库的建设，为职业教育提供了丰富多样的数字化教学资源。

职业教育专业教学资源库的建设，推动了高职院校、行业企业、研究机构等多方主体的共同参与，形成了共建共享的良好模式。通过这一模式，优质教学资源得以在全国范围内广泛传播和应用，有效提升了职业教育的整体质量。

近年来，国家高度重视职业教育的数字化转型，出台了一系列政策措施。例如，《国家职业教育改革实施方案》(职教 20 条)要求高职院校进一步加强资源库建设，结合 1+X 证书、"学分银行"建设、标准体系完善等持续提升职业教育服务经济社会高质量发展能力。这些政策的出台，为职业教育数字化教学资源的共享提供了有力保障。

(二) 数字化教学资源共享的意义

促进教育公平与普及：数字化教学资源的共享，打破了地域、时间、空间的限制，使得更多高职院校和师生能够便捷地获取优质教学资源。这有助于缩小不同地区、不同学校之间的教育差距，促进教育公平与普及。

提升教学质量与效率：数字化教学资源具有丰富性、多样性、交互性等特点，能够满足不同学习者的个性化需求。通过共享这些资源，高职院校可以借鉴其他学校的优秀教学经验和教学方法，提升自身的教学质量和效率。

推动教育创新与变革：数字化教学资源的共享，促进了教育创新与变革。高职院校可以借鉴其他领域的先进技术和理念，将其应用于教学中，推动教学模式、教学方法、教学内容等方面的创新。

(三)职业教育数字化教学资源共享的路径

(1)加强资源库建设与管理。

完善资源库建设标准：制定完善的资源库建设标准，包括资源分类、资源描述、资源格式、资源质量等方面的要求。这有助于确保资源库建设的规范性和统一性，提高资源的可用性和可共享性。

强化资源库管理与更新：建立健全资源库管理机制，包括资源审核、资源入库、资源更新等方面的流程和要求。同时，加强对资源库的日常维护和更新，确保资源的时效性和准确性。

推动资源库共建共享平台建设：建设统一的资源库共建共享平台，为高职院校和行业企业提供便捷的资源上传、下载、共享等功能。通过这一平台，可以实现资源的快速传播和广泛应用。

(2)推动校内、校际、校企的资源共享。

校内资源共享：积极建立校内资源库，院校可以建立自己的数字化教学资源库，将教师制作的课件、视频、虚拟仿真软件等资源进行集中存储和管理；制定资源共享制度，明确教师资源共享的责任和义务，建立资源共享的激励机制，如将资源共享情况纳入教师考核和职称评定；开展校内资源共享活动，定期组织校内资源共享交流活动，促进教师之间的资源共享和经验交流。

校际资源共享：建立校际合作联盟，高职院校之间可以建立校际合作联盟，共同建设和共享数字化教学资源；共建共享资源库，联盟院校可以共同开发和共享专业核心课程的数字化教学资源，实现优势互补；开展校际资源共享项目，通过开展校际资源共享项目，促进校际之间的资源共享和合作交流。

校企资源共享：加强校企合作，高职院校应加强与企业、行业协会的合作，共同开发和共享数字化教学资源；企业资源引入，将企业的技术资料、培训课程、案例等资源引入学校，丰富学校的数字化教学资源；学校资源服务企业，学校可以将优质的数字化教学资源提供给企业，用于企业员工的培训和技能提升。

二、数字化教学资源的评价

(1)数字化教学资源评价的重要性。

①提升教学质量。

数字化教学资源评价有助于筛选和优化优质教学资源，提升教学质量。通过对教学资源的内容、形式、效果等方面进行全面评价，可以及时发现资源存在的问题和不足，进而进行改进和完善，确保教学资源的质量。

②促进资源共享。

数字化教学资源评价有助于推动资源共享，实现资源的优化配置。通过评价，可以明确哪些资源是优质、高效的，哪些资源需要进一步完善或淘汰。这有助于促进资源的共享和流动，避免资源的重复建设和浪费。

③推动教育创新。

数字化教学资源评价有助于推动教育创新，促进教学模式和方法的改革。通过对教学资源的评价，可以发现新的教学理念、方法和手段，进而推动教育创新，提高教学效果和人才培养质量。

（2）数字化教学资源评价的现状。

①评价体系初步建立。

目前，职业教育数字化教学资源评价体系已经初步建立。各级教育部门和高职院校纷纷出台相关政策文件，明确数字化教学资源评价的标准和要求。同时，一些高职院校还建立了专门的数字化教学资源评价机构，负责资源的评价和管理工作。

②评价方法多样化。

职业教育数字化教学资源评价方法多样化，包括专家评审、用户评价、同行评议等多种方式。这些方法各有优劣，可以相互补充，共同构成完整的评价体系。例如，专家评审可以确保资源的专业性和权威性；用户评价可以反映资源的实用性和满意度；同行评议可以促进资源的交流和共享。

③评价结果应用广泛。

职业教育数字化教学资源评价结果应用广泛，包括资源采购、课程开发、教师培训等多个方面。通过评价结果，高职院校可以了解资源的质量和效果，为资源采购和课程开发提供依据。同时，评价结果还可以作为教师培训的重要参考，帮助教师提高教学资源的应用能力和水平。

（3）数字化教学资源评价的实施路径。

①构建科学的评价指标体系。

内容质量指标：包括资源的准确性、科学性、实用性、针对性等。

技术性能指标：包括资源的稳定性、兼容性、交互性、可更新性等。

教学效果指标：包括教学资源对学生学习兴趣的激发、学习效果的提升、技能培养的作用等。

用户满意度指标：包括教师和学生对资源的使用体验、满意度评价等。

②采用多种评价方法相结合。

专家评价与用户评价相结合：邀请教育专家、行业专家对资源进行评价，同时收集教师和学生的使用反馈，综合评价资源质量。

数据分析与实地调研相结合：通过平台数据统计分析资源的使用情况，同时开展实地调研，了解教师和学生对资源的实际使用效果和需求。

③建立动态评价机制。

定期评价与动态监测相结合：定期对数字化教学资源进行全面评价，同时通过平台数据监测资源的使用情况，及时发现问题并进行改进。

评价结果反馈与资源更新相结合：将评价结果及时反馈给资源开发者和使用者，根据评价结果对资源进行更新和优化。

参考文献

［1］中共中央、国务院关于印发《教育强国建设规划纲要（2024—2035 年）》的通知［EB/OL］.
　　［2025-01-19］http://www. moe. gov. cn/jyb_xxgk/moe_1777/moe_1778/202501/t20250119_
　　1176193. html.

［2］国家发展改革委、教育部、工业和信息化部、财政部、人力资源和社会保障部、国务院国
　　有资产监督管理委员会关于印发国家产教融合建设试点实施方案的通知［EB/OL］.（2019
　　-09-25）［2024-02-05］. http://www. moe. gov. cn/jyb_xxgk/moe_1777/moe_1779/202007/
　　t20200715_472855. html.

［3］国家发展改革委等部门关于印发《职业教育产教融合赋能提升行动实施方案（2023—2025
　　年)》的通知［EB/OL］.（2023-06-08）［2024-02-06］. https://www. gov. cn/zhengce/
　　zhengceku/202306/content_6886061. htm.

［4］教育部办公厅关于开展市域产教联合体建设的通知［EB/ OL］.（2023-04-18）［2024-06-
　　05］. http://www. moe. gov. cn/srcsite/A07/s7055/202304/t20230421_1056642. html.

［5］舒底清, 江波.职业院校教师教学能力提升——职教有道［M］.湖南：湖南科学技术出版
　　社, 2021.

［6］王江清, 胡小桃.职业院校教师教学能力提升——职教有方［M］.湖南：湖南科学技术出版
　　社, 2021.

［7］王鹏, 夏莹, 张俊萍, 等.政校企协同推进高等职业教育"双证融通"人才培养改革探索与
　　实践［M］.上海：上海交通大学出版社, 2018.

［8］石伟平, 郭静, 邢晖, 等.建设高质量职业教育体系, 增强教育强国人才竞争力——学习贯
　　彻落实全国教育大会精神笔谈［J］.中国职业技术教育, 2025,（1）: 5-14.

［9］王江清, 杨承阁.推进 1+X 证书制度试点管理体制与运行机制建设探索［J］.中国职业技术
　　教育, 2022,（11）: 43-47.

［10］崔依冉, 王雯, 韩锡斌.数字时代高职课堂多类型混合教学模式研究［J］.中国职业技术教
　　育, 2025,（3）: 68-74.

[11] 陈姜媛, 安冬平.职业教育市域产教联合体建设: 任务型组织的理论分析框架[J].教育与职业, 2024, (1): 37-43.

[12] 谭移民, 谢莉花.职业教育课堂教学目标制定的基本策略与未来展望[J].职业技术教育, 2024, 45(35): 26-31.

[13] 杨旭, 吉标.中国式教育现代化背景下高职院校课程治理的运行机制与行动框架[J].中国职业技术教育, 2024, (20): 50-59.

[14] 白玲, 李桂婷, 孙雅婷.生态学视域下职教教师数字素养培育的现实羁绊与破解之道[J].职业技术教育, 2025, 46(4): 52-58.

[15] 李丽, 李先祥, 代以平.职业教育产城教融合的隐忧审视与纾解路向[J].中国职业技术教育, 2025, (4): 26-31.

[16] 曹靖, 王鸽.嵌入性理论视域下市域产教联合体建设的理论逻辑、实践困境及优化路径[J].中国职业技术教育, 2024, (36): 37-45, 89.

[17] 刘艳春, 李峻.市域产教联合体的空间生产逻辑与治理策略研究[J].职教发展研究, 2025, (1): 16-24.

[18] 秦程现, 任永波.职业教育"五金"建设的内在逻辑、现实样态与策略选择——基于扎根理论的质性研究[J].职业技术教育, 2024, 45(29): 37-44.

[19] 徐兰, 王志明, 孟鑫沛.工作场域学习: 适应新质生产力需求的现场工程师培养路径研究[J].中国职业技术教育, 2025, (4): 90-99, 112.

[20] 李巍, 闫利文, 赵文平.智能制造领域现场工程师数字技能培养的价值、要素及路径[J].中国职业技术教育, 2024, (14): 3-12, 53.

[21] 邹洪富, 龚艳丽, 夏凯.基于产业岗位层级分析的汽车复合型人才培养实践[J].内燃机与配件, 2024(5): 151-153.

[22] 刘云飞, 龚艳丽, 邹洪富, 等.高职汽车类专业课程思政教学设计研究——以"汽车发动机装配与检测"课程为例[J].时代汽车, 2024, (14): 29-32.

[23] 杨承阁, 袁金海, 李思思, 等.高等职业教育职业技能评价的现状、问题及策略——以汽车检测与维修技术专业为例[J].汽车维修技师, 2024(6): 14-16.

[24] 葛胜升.制造强国背景下汽车制造与装配技术专业人才培养模式探索[J].宁波工程学院学报, 2021, 33(1): 84-89.

[25] 苏杜彪, 徐丽, 王小艳.共生理论视角下职业教育教师教学创新团队建设研究[J].职业教育研究, 2025, (2): 70-77.

[26] 黄秀娟, 周凯.基于PDCA循环模式的教师数字化教学能力提升策略研究[J].职业教育, 2025, 24(2): 55-60.

[27] 郭冉, 李轩.产教融合背景下机械制造技术基础课程教学方法研究[J].大学, 2024, (35): 86-89.

［28］王琼.基于产教融合的装配式建筑人才培养创新与实践研究［J］.就业与保障，2024，
　　　（11）：124-126.

［29］纪兆华.职业教育计算机类专业课数字教材开发的探索与实践［J］.在线学习，2024，
　　　（12）：73-74.

［30］刘毅.先进制造业强省背景下高职专业课程改革与探索［J］.现代职业教育，2025，（8）：
　　　125-128.

［31］贾斌."新双高"视角下高职教育内涵式发展的价值意蕴、目标定位和实践路径［J］.职教
　　　发展研究，2024，（4）：42-49.

［32］王婵.汽车维修专业工学一体化教学模式实施路径分析［J］.汽车测试报告，2024，（21）：
　　　116-118.

［33］吴睿.基于专业群建设的高职院校模块化课程体系构建研究［J］.无锡职业技术学院学报，
　　　2023，22(6)：44-48.

图书在版编目（CIP）数据

职业教育岗课"零距离"课程开发 / 龚艳丽，刘云飞，张静著. --长沙：中南大学出版社，2025.8. --ISBN 978-7-5487-6251-5

Ⅰ. G718.5

中国国家版本馆 CIP 数据核字第 20259A71F2 号

职业教育岗课"零距离"课程开发

龚艳丽　刘云飞　张静 等 ◎ 著

□出 版 人	林绵优	
□责任编辑	刘颖维	
□责任印制	唐　曦	
□出版发行	中南大学出版社	
	社址：长沙市麓山南路	邮编：410083
	发行科电话：0731-88876770	传真：0731-88710482
□印　　装	广东虎彩云印刷有限公司	

□开　　本	710 mm×1000 mm 1/16	□印张 10.25	□字数 200 千字
□版　　次	2025 年 8 月第 1 版	□印次 2025 年 8 月第 1 次印刷
□书　　号	ISBN 978-7-5487-6251-5	
□定　　价	78.00 元	